高等职业技术院校汽车类专业教材

汽车使用性能与检测

（第二版）

主　编　曾国文

主　审　王朝帅

中国劳动社会保障出版社

简介

本书主要内容包括汽车使用性能与检测概述、汽车动力性与燃油经济性检测、汽车制动性与操纵稳定性检测、汽车公害检测、汽车其他性能检测等。

本书由曾国文主编，王朝帅主审。

图书在版编目(CIP)数据

汽车使用性能与检测 / 曾国文主编. —2 版. —北京：中国劳动社会保障出版社，2017

高等职业技术院校汽车类专业教材

ISBN 978 - 7 - 5167 - 3198 - 7

Ⅰ.①汽… Ⅱ.①曾… Ⅲ.①汽车-性能检测-高等职业教育-教材 Ⅳ.①U472.9

中国版本图书馆 CIP 数据核字(2017)第 208310 号

中国劳动社会保障出版社出版发行

(北京市惠新东街 1 号 邮政编码：100029)

*

三河市华骏印务包装有限公司印刷装订 新华书店经销

787 毫米×1092 毫米 16 开本 9 印张 169 千字

2017 年 8 月第 2 版 2025 年 8 月第 6 次印刷

定价：17.00 元

营销中心电话：400-606-6496

出版社网址：http://www.class.com.cn

http://jg.class.com.cn

前言

为了更好地适应全国高等职业技术院校汽车类专业的教学要求，全面提升教学质量，人力资源社会保障部教材办公室组织有关学校的骨干教师和行业、企业专家，在充分调研企业生产和学校教学情况、广泛听取教师对现有教材反馈意见的基础上，吸收和借鉴各地高等职业技术院校教学改革的成功经验，对现有全国高等职业技术院校汽车类专业教材进行了修订（新编）。

本次教材修订（新编）工作的重点主要体现在以下几个方面：

第一，合理更新教材内容。

根据企业岗位和教学实践的需求变化，确定学生应具备的能力与知识结构，调整部分教材内容，使知识技能点的深度、难度、广度与实际需求相匹配；根据相关专业领域的最新发展，淘汰陈旧过时的内容，补充新知识、新技术、新设备、新材料等方面的内容；根据最新的国家技术标准编写教材内容，保证教材的科学性和规范性。

第二，加强实践技能的培养。

根据就业岗位对技能型人才所需能力的要求，进一步加强实践性教学内容，采用了理论知识与技能训练一体化的编写模式，以体现“做中学”“学中做”的教学理念。

第三，衔接职业技能鉴定要求。

教材编写以相关国家职业标准为依据，涵盖国家职业标准（高级）的知识和技能要求，并在配套习题册中增加了相关职业技能考试的练习题。

第四，精心设计教材形式。

在教材的呈现形式上，尽可能使用图片、实物照片和表格等将知识点生动地展示出来，力求让学生更直观地理解和掌握所学内容。

第五，提供全方位教学服务。

本套教材配有习题册、教学参考书、电子课件和习题册答案，电子课件等教学资源可通过中国人力资源和社会保障出版集团网站（http://www.class.com.cn）或职业教育教学资源和数字学习中心（http://zyjy.class.com.cn）下载。

本次教材的修订（新编）工作得到了辽宁、吉林、江苏、山东、河南、广东等省人力资源社会保障厅及有关学校的大力支持，在此我们表示诚挚的谢意。

人力资源社会保障部教材办公室

2017 年 6 月

目　录
Contents

模块一 汽车使用性能与检测概述

学习目标

◆ 了解影响汽车使用性能的因素。

◆ 了解汽车性能检测站的功能、类型及工位布置。

◆ 熟悉汽车性能检测站使用的设备及其检测项目。

◆ 熟悉汽车性能检测站的检测流程。

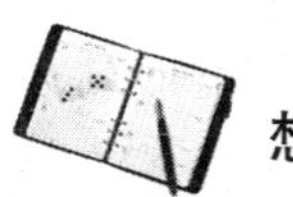

想一想

汽车购买者提前了解汽车的使用性能到底有没有用?

对于汽车爱好者来说，购车时可能会偏重动力性，最高车速越高则动力性越好。例如，一般轿车和SUV的最高车速在240 km/h以内，0～60 km/h的加速时间在6 s以内就能满足市区的行驶需求。

对于上班一族来说，购车时更看重燃油经济性。一般紧凑型车正常的综合油耗约为8 L/100 km，紧凑型SUV和中型车正常的综合油耗约为10 L/100 km。

还不能忽略最重要的一环——汽车安全性。尽量选择有ABS、ESP、安全气囊、主动制动、车道偏离预警等安全配置的汽车，在碰撞测试中获得五星等级的汽车可以重点考虑。

除此之外，你知道还有哪些影响汽车使用性能的因素吗?购车时应该主要考虑哪些因素?

一、影响汽车使用性能的因素

汽车的使用性能是指在一定使用条件下汽车以最高效率工作的能力，是决定汽车运用效率和方便性的结构特性表征。对于一辆汽车的使用性能，目前我国主要采用汽车容载量、汽车的质量利用系数、汽车使用方便性、汽车速度性能、汽车使用经济性、汽车安全性等指标来衡量。

1. 汽车容载量

汽车容载量表示汽车能同时运输的货物数目或者乘客人数。货车用载质量和载货容积来表示；客车用载客数来表示。

2．汽车的质量利用系数

汽车的质量利用系数是指汽车的额定载重量与空车质量（自重）之比，即额定载重量/自重。汽车的质量利用系数是汽车的重要使用性能之一，也是衡量汽车结构合理程度的一项主要指标。它的数值越大，表明汽车的设计制造水平越高，所用的材质越好，使用性能越优秀。

3．汽车使用方便性

汽车使用方便性包括操纵轻便性、上下车的方便性、装卸货物的方便性、乘坐舒适性、最大续航里程和机动性等。

4．汽车速度性能

汽车速度性能包括汽车动力性和平均技术速度。汽车动力性是指汽车在良好路面上直线行驶时由汽车受到的纵向外力决定的、所能达到的平均行驶速度。汽车动力性是汽车各种性能中最基本、最重要的性能，主要由三方面的指标来评定，即汽车最高车速、汽车加速时间和汽车最大爬坡度。平均技术速度是指在运输工具纯运行时间内平均每小时行驶的里程数，它是决定运送速度的基本条件，运送速度一般都低于平均技术速度。

5．汽车使用经济性

汽车使用经济性是指汽车完成单位运输量所支付的最少费用的一种使用性能，它是评价汽车营运经济效果的综合性指标。统计资料表明，在我国营运汽车的平均运输成本中，汽车运行材料费（燃料费及轮胎费）所占比例最大，达40%以上。

6．汽车安全性

汽车安全性分为汽车主动安全性和被动安全性两个方面。主动安全性通常包括汽车制动性、汽车操纵稳定性、行驶平顺性、驾驶员视野、汽车灯光及汽车超车加速能力等；被动安全性通常指汽车发生事故后，减少乘员和行人伤亡、车辆及货物损失的汽车结构性能（如安全气囊等）。

二、汽车性能检测站

在现代社会，汽车已成为人们工作、生活中不可缺少的一种交通工具。汽车在为人们造福的同时，也带来大气污染、噪声和交通安全等一系列问题。汽车本身又是一个复杂的系统，随着行驶里程的增加和使用时间的延续，其技术状况将不断恶化。因此，一方面要不断研制性能优良的汽车；另一方面要借助维护和维修，恢复其技术状况。

汽车使用性能检测是指在汽车使用、维护和修理中对汽车的技术状况进行测试和检验的一门技术。典型的汽车检测站内部环境如图1—1—1所示。

图 1—1—1 典型的汽车检测站内部环境

1．检测站的功能

按照国家标准《汽车综合性能检测站能力的通用要求》（GB/T 17993—2005）的规定，汽车检测站的服务功能如下：

（1）依法对营运车辆的技术状况进行检测。

（2）依法对车辆维修竣工质量进行检测。

（3）接受委托，对车辆改装（造）、延长报废期及其相关新技术、科研鉴定等项目进行检测。

（4）接受交通、公安、环保、商检、计量和司法机关等部门、机构的委托，为其进行规定项目的检测。

2．检测站的类型

汽车检测站可按不同的分类方法进行分类。

（1）按服务功能分类

按服务功能不同，汽车检测站可分为安全检测站、维修检测站和综合检测站三种。

1）安全检测站

安全检测站的布置如图 1—1—2 所示，它是国家的执法机构而非营利型企业。它按照国家规定的车检法规，定期检测车辆中与安全和环保有关的项目，以保证汽车安全行驶，并将污染降低到允许的限度。这种检测站对检测结果往往只显示“合格”和“不合格”两种，而不作具体数据显示和故障分析，因而检测效率高。检测合格的车辆凭检测结果报告单办理年审签证，在有效期内准予车辆行驶。安全检测站一般由车辆管理机关直接建立，或由车辆管理机关认可的汽车运输企业、汽车维修企业等单位建立，也可由多方联合建立。

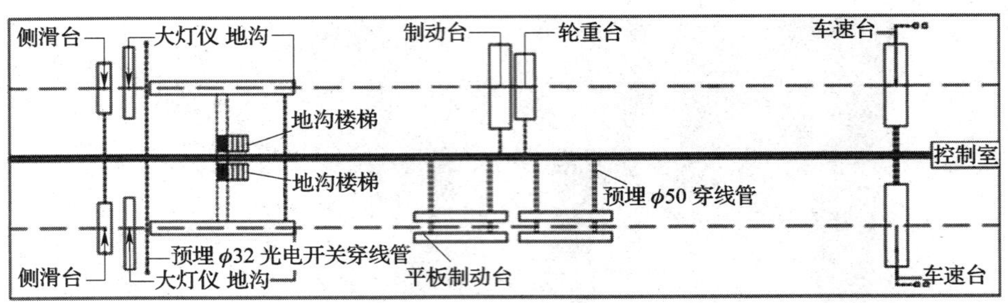

图 1—1—2 安全检测站的布置

2）维修检测站

维修检测站的布置情况如图 1—1—3 所示，主要是从车辆使用和维修的角度，担负车辆维修前后的技术状况检测。它能检测车辆的主要使用性能，并能进行故障分析与诊断。维修检测站一般由汽车运输企业或汽车维修企业建立。

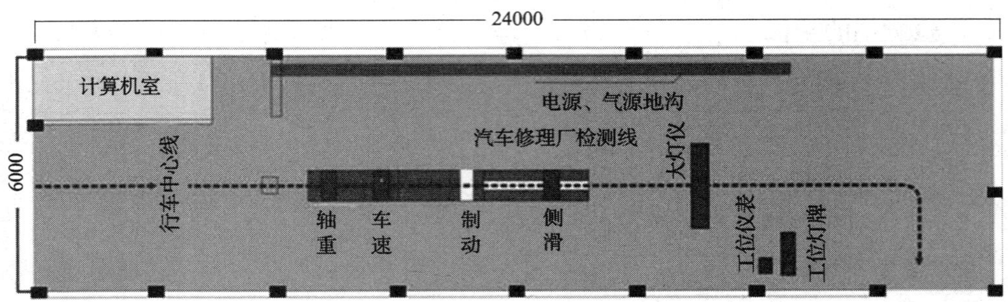

图 1—1—3 维修检测站的布置

3）综合检测站

综合检测站的布置如图 1—1—4 所示，既能进行车辆管理部门的安全环保检测，又能进行车辆使用、维修企业的技术状况诊断，还能承接科研或教学方面的性能试验和参数测试。综合检测站检测设备多、自动化程度高、数据处理迅速准确，因而功能齐全，检测项目广度、深度大。

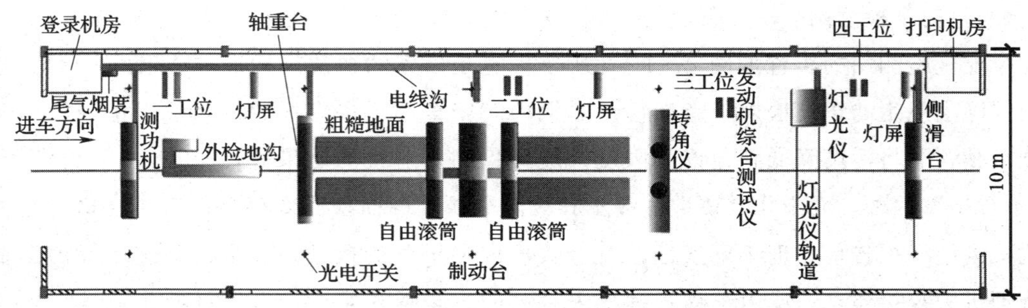

图 1—1—4 综合检测站的布置

（2）按规模大小分类

按规模大小不同，汽车检测站可分为大型、中型、小型三种类型。

大型检测站检测线多、自动化程度高、年检能力大，且能检测多种车型。中型检测站至少有两条检测线。小型检测站主要指服务对象单一的检测站，如规模不大的安全检测站和维修检测站等。

（3）按自动化程度分类

按检测线的自动化程度不同，汽车检测站可分为手动检测站、全自动检测站和半自动检测站三种类型。

1）手动检测站

手动检测站由人工手动控制检测过程，从各单机配备的指示装置上读数，笔录检测结果或由单机配备的打印机打印检测结果，因而工作人员多、检测效率低、读数误差大，多适用于维修检测站。

2）全自动检测站

全自动检测站利用计算机控制，除车辆的外观检查工位仍需人工检查外，能自动控制其他所有工位上的检测过程，使设备的启动与运转、数据采集、分析判断、存储、显示和集中打印报表等全过程实现自动化。由于全自动检测站自动化程度高、检测效率高、能避免人为的判断错误，因而获得了广泛应用，目前国内外的安全检测站多采用这种形式。

3）半自动检测站

半自动检测站的自动化程度或范围介于手动和全自动检测站之间，一般是在原手动检测站的基础上将部分检测设备（如侧滑试验台、制动试验台、车速表试验台等）与计算机联网以实现自动控制，而另一部分检测设备（如烟度计、废气分析仪、前照灯检测仪、声级计等）仍采用手动操作。当计算机联网的检测设备因故不能进行自动控制时，各检测设备仍可手动使用。

（4）按职能分类

综合检测站按职能不同，可分为A级站、B级站和C级站三种类型。

1）A级站

A级站能全面承担检测站的任务，即能检测车辆的制动、侧滑、灯光、转向、前轮定位、车速、车轮动平衡、底盘输出功率、燃料消耗、发动机功率、点火系状况，以及异响、磨损、变形、裂纹、噪声、废气排放等状况。

2）B级站

B级站能承担在用车辆技术状况和车辆维修质量的检测，即能检测车辆的制动、侧滑、灯光、转向、车轮动平衡、燃料消耗、发动机功率、点火系状况，以及异响、变形、噪声、废气排放等状况。

3）C 级站

C 级站能承担在用车辆技术状况的检测，即能检测车辆的制动、侧滑、灯光、转向、车轮动平衡、燃料消耗、发动机功率，以及异响、噪声、废气排放等状况。

3．检测工位

（1）各类汽车检测站的组成

汽车检测站主要由一条至数条检测线组成。对于独立而完整的检测站，除检测线外，还应包括停车场、清洗站、泵气站等设施，以及维修车间、办公区和生活区等。

1）安全检测站一般由一条至数条安全环保检测线组成。有两条以上安全环保检测线时，一般一条为大型、小型汽车通用自动检测线，另一条为小型汽车专用自动检测线，有的还配备一条新车检测线（用于新车登录及检测）和一条柴油车排烟检测线。

2）维修检测站一般由一条或数条综合检测线组成。

3）综合检测站一般由安全环保检测线和综合检测线组成，可以各为一条，也可以各为数条。国内交通系统建成的检测站大多属于综合检测站。

（2）汽车检测线的工位布置

不管是安全环保检测线，还是综合检测线，它们都由多个检测工位组成。检测站使用的主要检测设备如图 1—1—5 所示，布置形式多为直线通道式，即检测工位按一定顺序分布在直线通道上，有利于流水作业。

1）安全环保检测线的工位布置

手动和半自动安全环保检测线一般由外观检查（人工检查）工位、侧滑制动车速表工位、灯光尾气工位三个工位组成。全自动安全环保检测线可以由三工位、四工位或五工位组成。五工位一般包括汽车资料输入及安全装置检查工位、侧滑制动车速表工位、灯光尾气工位、车底检查工位、综合判定及主控制室工位。

2）综合检测线的工位布置

综合检测线可分为 A 级、B 级、C 级三种类型。A 级站在国内一般设置两条检测线，一条为安全环保检测线，主要承担车管部门对车辆进行年审的任务；另一条为综合检测线，主要承担对车辆技术状况的检测诊断任务。综合检测线一般有两种类型：一种是全能综合检测线，设有包括安全环保检测线主要检测设备在内的比较齐全的工位，这种检测线的检测设备多，检测项目齐全，与安全环保检测线互不干扰，因而检测效率相对较高，但建站费用也高；另一种是一般综合检测线，设置的工位不包括安全环保检测线的主要检测设备，主要由底盘测功工位组成，能承担除安全环保检测项

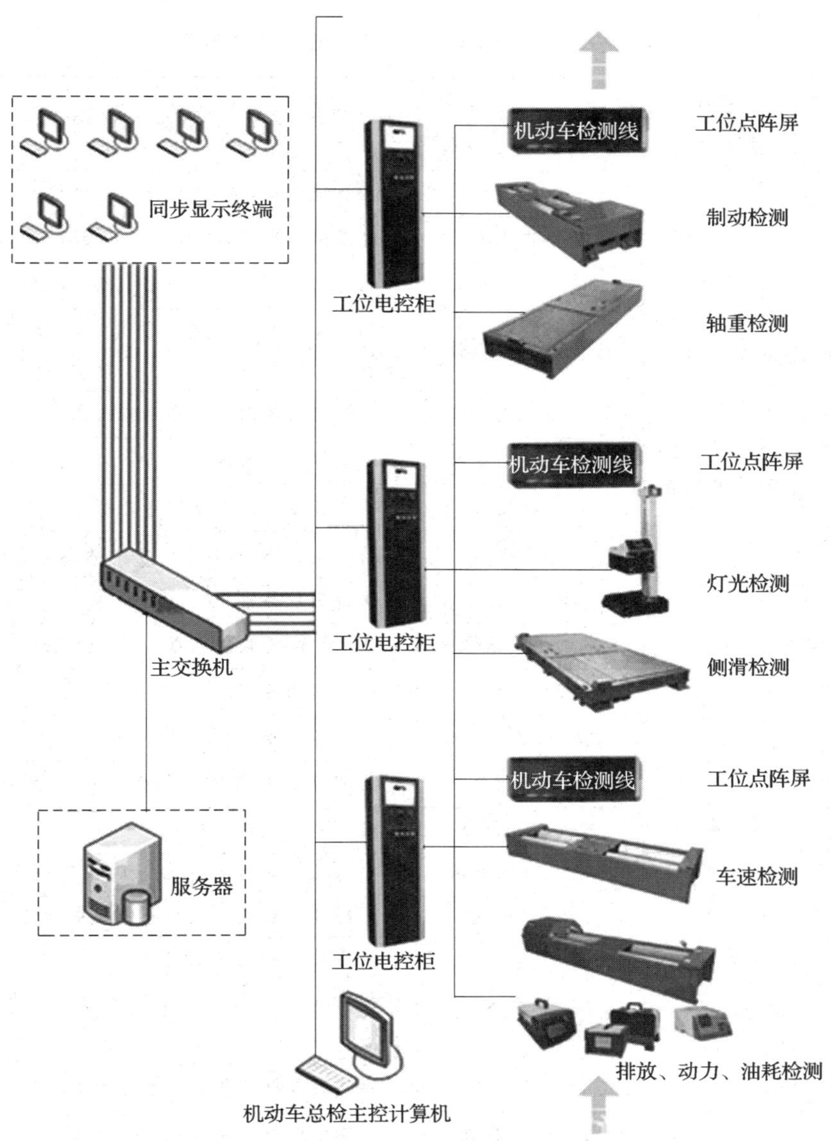

图 1—1—5　检测站使用的主要检测设备

目以外各项目的检测诊断，必要时车辆需开到安全环保检测线上才能完成有关项目的检测，国内已建成的综合检测站中有很多属于这种类型。与全能综合检测线相比，一般综合检测线设备少，建站费用低，但检测效率也低。

B 级站和 C 级站的综合检测线不包括底盘测功工位。

4．检测设备与检测项目

（1）安全环保检测线

全自动安全环保检测线主要检测项目、设备及用途见表 1—1—1。

表 1—1—1　　全自动安全环保检测线主要检测项目、设备及用途

检测工位	主要检测项目	设备名称	设备用途
汽车资料输入及安全装置检查工位（L 工位）	汽车上部的灯光和安全装置等项目的外观检查	进线指示灯	控制进线车辆，绿灯进，红灯停
		汽车资料登录计算机	登录汽车资料，并发送给主控制计算机
		工位测控计算机	担负工位检测过程监控，数据采集处理等工作
		检验程序指示器	指示工位检测程序，下达操作指令，显示检测结果，引导车辆前进
		轮胎自动充气机	按设定的轮胎气压自动充气
		轮胎花纹测量器	测量轮胎花纹深度
		检测锤	检查各连接件、车架等是否松动或开裂
		不合格项目输入键盘	将车上、车下外观检查中的不合格项目报告给主控制计算机
		监察电视及摄像机	供主控制室监察地沟及整个检测线的工作情况
侧滑制动车速表工位（ABS 工位）	侧滑检测、轴重检测、制动检测、车速表检测等	侧滑试验台	检测转向轮侧滑量
		轴重计或轮重仪	检测各轴轴重
		制动试验台	检测各轮拖滞力、制动力和驻车制动力
		车速表试验台	检测车速表指示误差
		车速表检测申报开关或遥控器	当试验车速达 40 km/h 时按下此开关或遥控器，则计算机采集此时的实际车速数据
		光电开关	当车轮遮挡光电开关时，光电开关产生的信号被输入计算机，报告车辆到位，计算机安排检测开始
		反光镜	供驾驶员观察车轮到达试验台或停车线的位置
灯光尾气工位（HX 工位）	前照灯检测、排气检测、喇叭声级检测等	前照灯检测仪	检测前照灯发光强度和光轴偏斜量
		排气分析仪	检测汽油车排气中的 CO 和 HC 浓度
		烟度计	检测柴油车排气中的自由加速烟度
		声级计	检测喇叭声级
		停车位置指示器	指引汽车在灯光尾气工位停车线上准确停车
车底检查工位（P 工位）	车辆底部外观检查	地沟内举升平台	使地沟内的检测人员在高度上处于较有利的工作位置
		对讲话筒及扬声器	用于地沟上下的通话联系
		地沟内报警灯或报警器	报告车辆到达车底检查工位

续表

检测工位	主要检测项目	设备名称	设备用途
综合判定及主控制室工位	对各工位检测结果进行综合判定后，打印检测结果报告单	主控制计算机	安排检测程序，对照检测标准，综合判定并存储、打印检测结果
		打印机	打印检测结果报告单
		控制台	主控制计算机、键盘、显示器、打印机、监察电视等均安放在控制台上，是整条检测线的控制中心
		主控制键盘	当计算机系统出现故障不能使用时，可通过主控制键盘对各工位实施控制，以便不间断检测工作
		稳压电源和不间断电源	稳定电压，不间断供电

（2）综合检测线

以外观检查及车轮定位工位、制动工位和底盘测功工位组成的三工位全能综合检测线为例，其主要设备及用途见表1—1—2。

表1—1—2　　全能综合检测线主要设备及用途

序号	设备名称	设备用途
1	地沟上举升器	举起车辆，使车轮离地
2	就车式车轮平衡机	就车检测车轮不平衡量，并通过配重使车轮平衡
3	声发射探伤仪	在不解体情况下探测零件的裂纹和损伤
4	四轮定位仪或车轮定位检测仪	检测车轮前束值、车轮外倾角、主销后倾角、主销内倾角和前轮最大转向角度值
5	转向盘自由转动量检测仪	检测转向盘自由转动量
6	转向盘转向力检测仪	检测转向盘转向力
7	传动系游动角度检测仪	检测传动系自由转动量
8	底盘间隙检测仪	检测轮毂轴承、转向节主销、纵横拉杆和钢板弹簧销等处的间隙
9	底盘测功试验台	检测驱动车轮的输出功率或驱动力，模拟道路行驶，做各种性能试验，进行动态检测诊断等

续表

序号	设备名称	设备用途
10	发动机综合参数测试仪	对发动机的功率、气缸压力、点火正时、供油正时、点火系技术状况、供油系技术状况、电控系统和异响等进行检测、分析和判断
11	电控系统检测仪	包括读码器、解码器、扫描器、专用诊断仪、示波器、分析仪、信号模拟器和综合测试仪等，用于对汽车电控系统的检测和诊断
12	电器综合测试仪	检测电器设备的技术状况
13	气缸压力测试仪或气缸压力表	检测气缸压缩压力
14	气缸漏气量（率）测试仪	检测气缸的漏气量或漏气率
15	真空表或真空测试仪	检测进气管负压值，用于评价气缸密封性
16	油耗计	检测燃料消耗量
17	五气体分析仪	检测排气中的CO、HC、NO_X、CO_2 和 O_2
18	机油清净性分析仪	分析机油的清净性程度
19	发动机无负荷测功仪	对发动机进行无负荷加速测功
20	发动机异响分析仪	诊断发动机异响
21	传动系异响分析仪	诊断传动系异响
22	温度计或温度仪	检测各总成温度及发动机排气温度

注：与表1—1—1所列相同的设备不再列出。

1）外观检查及车轮定位工位

主要设备包括：轮胎自动充气机、轮胎花纹测量器、检测锤、地沟内举升平台、地沟上举升器、就车式车轮平衡机、声发射探伤仪、侧滑试验台、四轮定位仪或车轮定位检测仪、转向盘自由转动量检测仪、转向盘转向力检测仪、传动系游动角度检测仪、底盘间隙检测仪等。

检测项目包括：车上及车底外观检查、就车检测调整车轮不平衡量、对转向节枢轴等安全机件进行探伤、检测前轮侧滑量和最大转向角、检测前轮和后轮定位参数、检测转向盘自由转动量和转向盘转向力、检测传动系自由转动量、检测轮毂轴承等处的松旷量等。

2）制动工位

主要设备包括：轴重计或轮重仪、制动试验台等。

检测项目包括检测各轴轴重、检测各轮制动拖滞力和制动力及按制动曲线分析制动过程、检测驻车制动力等。

3）底盘测功工位

主要设备包括：底盘测功试验台、发动机综合参数测试仪、电控系统检测仪、电器综合测试仪、气缸压力测试仪或气缸压力表、气缸漏气量（率）测试仪、真空表或真空测试仪、油耗计、五气体分析仪、烟度计、声级计、机油清净性分析仪、发动机无负荷测功仪、发动机异响分析仪、传动系异响分析仪、温度计等。

检测项目：本工位能模拟汽车道路行驶，因而可组织较多的检测设备同时或交叉对汽车发动机、底盘、电气设备和车身等进行动态综合检测诊断。配备的设备越多，能检测诊断的项目也越多。

5．检测流程

汽车进入检测站后，在检测线上只有按照规定的检测工艺路线和程序流动，才能完成整个检测过程。

（1）检测站工艺路线流程

对于一个独立且完整的检测站来说，汽车进站后的工艺路线流程如图1—1—6所示。

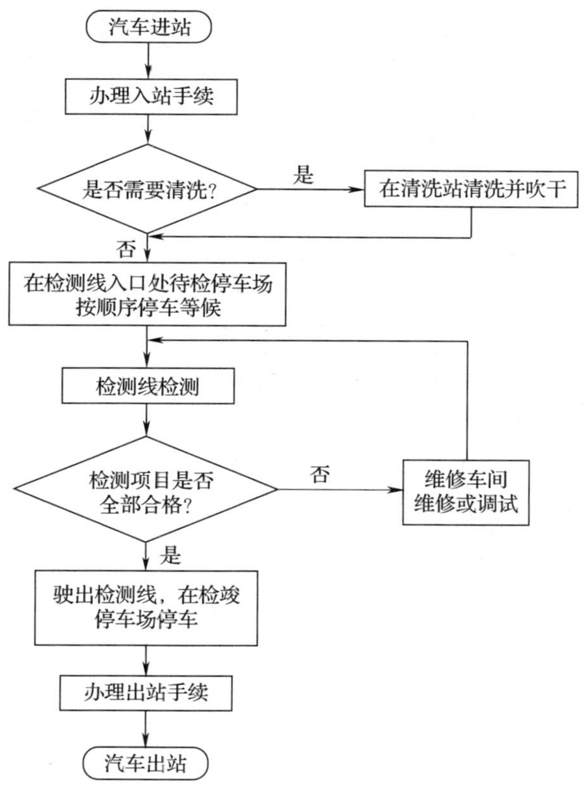

图1—1—6　检测站工艺路线流程图

（2）检测线工艺路线流程

检测线的工位布置是固定的，进线检测的汽车按工位顺序进行流水作业。以三工位全能综合检测线为例，其工艺路线流程如图 1—1—7 所示。

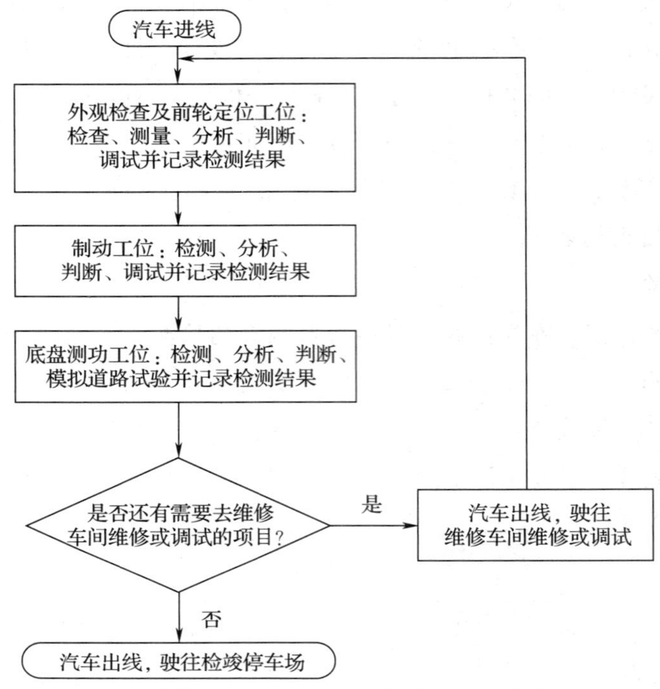

图 1—1—7　三工位全能综合检测线工艺路线流程图

思考与练习

1. 影响汽车使用性能的因素有哪些？
2. 汽车综合检测站按职能不同可分为哪几类？分别能完成哪些检测任务？
3. 全能综合检测线中有哪些工位？

模块二 汽车动力性与燃油经济性检测

课题一　汽车动力性指标及检测

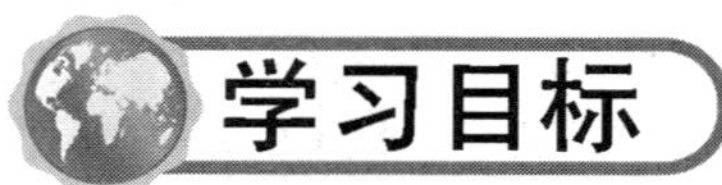

学习目标

◆ 掌握汽车动力性指标及其主要影响因素。

◆ 了解第五轮仪、非接触式车速仪、底盘测功机的种类、结构及基本原理。

◆ 熟悉汽车动力性道路试验的检测项目和检测方法。

◆ 熟悉汽车动力性台架试验的检测项目和检测方法。

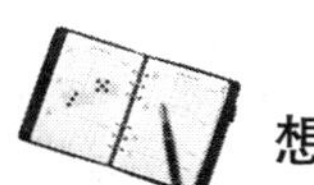

想一想

前面已经提过，判断汽车动力性的指标有最高车速和加速时间等，最高车速越快，加速时间越快，汽车的动力性能越好。除此之外，还有哪些指标能判断汽车动力性的好坏呢？

影响汽车动力性的因素主要看汽车的驱动力，而影响汽车驱动力的因素主要有功率、扭矩和传递效率。相同排量车型之间，最大功率越高说明发动机效率越高、做功速度越快、技术越先进。相同排量车型之间，峰值扭矩越大，推动车轮的力就越大，改变惯性的能量就越大。

汽车动力性指标通常要通过路试和台架试验两种方法检测，检测过程中都要用到哪些仪器和设备？怎样测量呢？

一、汽车动力性指标

汽车动力性是指汽车能够达到的最高行驶速度、加速能力和爬坡能力。不同动力性的汽车在相同的路况和外界环境下所能达到的最大平均行驶速度不同。汽车平均行驶速度的提高会直接提高汽车的运输效率。因此，汽车动力性是汽车各种性能中最基本和最重要的性能。

1．最高行驶速度 v_{max}（km/h）

汽车的最高行驶速度是指汽车以额定最大总质量状态，在风速不大于 3 m/s 的条件下，在水平、良好的路面上能够达到的最高稳定行驶速度。此时，发动机的节气门全开，变速器置于最高挡位。一般来说，轿车的最高行驶速度为130～200 km/h；客车的最高行驶速度为90～130 km/h；货车的最高行驶速度为80～110 km/h。

2．加速能力 t（s）

汽车的加速能力是指汽车在水平良好的路面上行驶时所能达到的最大加速能力。由于加速过程中的加速度是一个变量，不易表述，故汽车的加速能力通常以汽车加速时间 t 来表示。加速时间是指汽车以额定最大总质量状态，在风速不大于 3 m/s 的条件下，在水平良好的混凝土或沥青路面上，从某一低速加速到某一高速所需的时间。加速时间分为原地起步加速时间和超车加速时间两种。

（1）原地起步加速时间

原地起步加速时间也称起步换挡加速时间，是指用规定的低挡起步并以最大加速度（包括选择适当的换挡时机）逐步换至最高挡位后，加速到某一规定的速度（如0～50 km/h；对轿车常用0～80 km/h或0～100 km/h）所需的时间；或用规定的低挡起步并以最大加速度逐步换至最高挡位后，通过一定距离（如0～400 m、0～800 m、0～1 000 m）所需的时间。原地起步加速时间越短，汽车的加速能力越好，动力性也越好。

（2）超车加速时间

超车加速时间也称直接挡加速时间，是指用最高挡或次高挡由某一较低车速开始，全力加速至某一高速所需的时间。由于汽车超车时与被超车辆并行，容易发生交通安全事故，故超车时间短对行车安全有利。超车加速时间越短，说明其高速挡加速性能越好，汽车加速能力越好，动力性越好。

3．爬坡能力 α_{max} 或 i_{max}

汽车的爬坡能力是指汽车满载时，在良好的坡道路面上的最大爬坡度。爬坡度可用角度 α 来表示，也可用每百米水平距离内坡道的升高值 h 与百米的比值 i 来表示。

$$i=(h/100)\times 100\% \qquad（式 2—1—1）$$

最大爬坡度为 α_{max} 或 i_{max}，最大爬坡度反映了汽车的爬坡能力。

汽车变速器处于不同的挡位时有不同的爬坡能力，通常关注的是汽车处于最低挡和最高挡的爬坡能力。上述最大爬坡度 α_{max} 或 i_{max} 是指汽车处于最低挡时的最大爬坡度。

二、影响汽车动力性的因素

确定汽车动力性就是要确定汽车沿行驶方向的运动状况。汽车的运动状况是汽车受到各种作用综合的结果，这些作用就是汽车受到的各种力。在这些力的共同作用下，汽车从静止状态启动并保持正常的行驶速度，又从正常的行驶速度加速或减速直至停止。其中，使汽车沿所需的行驶方向行驶的力即为汽车的驱动力。

1．汽车的驱动力

汽车行驶时，发动机运转并产生相应的转矩 T_{tq}，该转矩经传动系传至驱动车轮。此时，驱动车轮获得的转矩为 T_t，该转矩产生一个对路面的圆周力 F_0，方向如图 2—1—1 所示。根据牛顿定律，此时路面对驱动车轮产生一个反作用力 F_t，其大小为：

$$F_t = F_0 = \frac{T_t}{r}(\mathrm{N}) \qquad (式 2—1—2)$$

由于 F_t 的作用驱使汽车前进，故将其称为汽车的驱动力。驱动力 F_t 受发动机的功率 P_e、变速器所用挡位的传动比 i_g、主减速器的传动比 i_0、传动系的机械效率 η_T、瞬时发动机转速 n 以及驱动车轮半径 r 的综合影响。它们之间的关系可用公式来表示：

$$F_t = 9\,550\,\frac{P_e i_g i_o \eta_T}{nr}(\mathrm{N}) \qquad (式 2—1—3)$$

式中，P_e——某瞬时的发动机功率（kW）；

i_g——变速器所用挡位的传动比；

i_0——主减速器的传动比；

η_T——传动系的机械效率；

n——某瞬时的发动机转速（r/min）；

r——驱动车轮半径（m）。

2．影响汽车驱动力的因素

（1）发动机的功率 P_e 与转矩 T_{tq}

发动机节气门全开时，发动机的功率 P_e、转矩 T_{tq} 以及发动机转速 n 之间的关系曲线称为发动机外特性曲线，汽油发动机外特性曲线如图 2—1—2 所示。

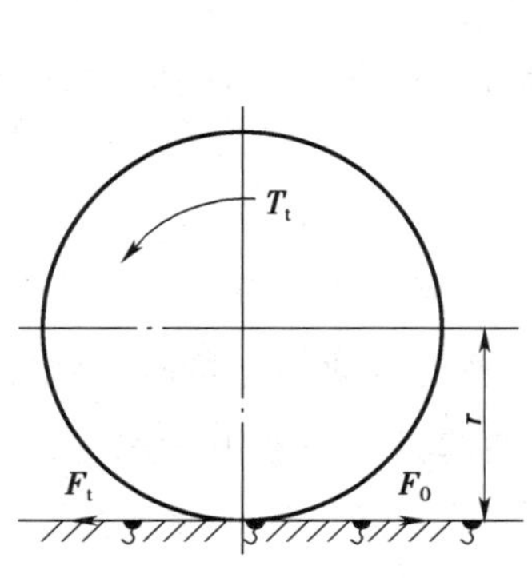

图 2—1—1　汽车驱动力

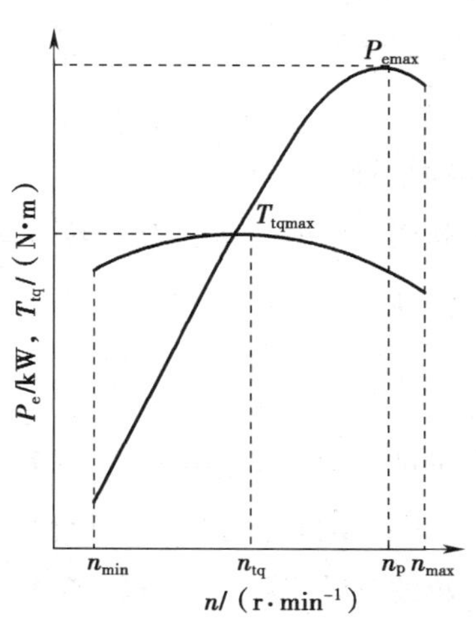

图 2—1—2　汽油发动机外特性曲线

图中，n_{min} 和 n_{max} 分别为发动机节气门全开时的最小稳定转速和最大转速。当转速低于 n_{tq} 时，发动机的转矩随转速增加而增加，至 n_{tq} 时达到最大转矩 T_{tqmax} 之后，随着转速的增加，转矩开始下降；当转速低于 n_p 时，发动机的功率随转速增加而增加，至 n_p 时达到最大功率 P_{emax} 之后，随着转速的增加，功率开始下降。

（2）传动效率 η_T

发动机输出的功率 P_e 在经传动系的传递过程中，由于各传动机构的阻力，损耗了功率 P_T，则传动系的传动效率 η_T 为 $\frac{P_e - P_T}{P_e}$。

传动系的功率损失由传动系中的变速器、传动轴、万向节、主减速器等部件的功率损失所组成。其中，变速器和主减速器的功率损失较大，其他部件的功率损失相对较小。

实验结果和计算表明：对于变速器的所有挡位来说，挡位越高，传动效率也越高，一般直接挡的传动效率最高。从汽车的使用过程来说，新车走合期结束后的传动效率最高，此后随着行驶里程的增加而缓慢下降；当各处磨损至配合间隙超过极限值后，机械效率急剧下降。

在此应指出，尽管传动效率在汽车使用中受各种因素的影响而不断变化，但对汽车进行一般的动力性分析时，可将传动效率视为常数。

（3）车轮半径

汽车的车轮装有充气橡胶轮胎，在使用过程中由于受到大小和方向各不相同的力的作用，故车轮半径会随不同的情况有所变化。在汽车的动力性分析中，常用到的车轮半径有静力半径和滚动半径。

1）静力半径（r_s）

按规定的气压充好气，在只受车重作用产生径向变形时，车轮中心到支承面之间的距离。

2）滚动半径（r）

汽车满载行驶时，根据车轮转过圈数 n_w 与相应驶过的距离 S（即轴心的位移），按式 2—1—4 计算出来的半径。

$$r = \frac{S}{2\pi n_w} \qquad \text{（式 2—1—4）}$$

对汽车进行动力学分析时应采用静力半径 r_s，在进行运动学分析时，则应采用滚动半径 r，但在实际进行汽车运行性能分析中，为方便起见，一般不考虑它们的差别，均采用车轮的滚动半径 r 为车轮半径。

三、汽车动力性检测设备

在对汽车动力性的各项指标进行检测时，往往要借助一些测量仪器，如第五轮仪、非接触式车速仪和底盘测功机等。

1. 第五轮仪

第五轮仪（简称五轮仪）如图 2—1—3 所示，是用于汽车道路试验的一种常用仪器。试验时，将它安装在汽车的尾部或侧面的适当位置，用一个小巧的轮子接触路面，好像是汽车的第五个车轮，故而称为第五轮仪。试验中，它可以准确地测定汽车行驶的距离并计算出车速，以纸带方式记录或用数字显示。因此，常用于汽车加速性能试验、滑行试验及燃油经济性试验。

第五轮仪应用较多的是单片机操控的五轮仪，由第五轮仪、传感器、二次仪表及安装机架等部分组成。

（1）传感器部分

接触式第五轮仪的传感器部分主要包括第五轮与安装在轮架上的磁电传感器和齿盘，如图 2—1—4 所示。

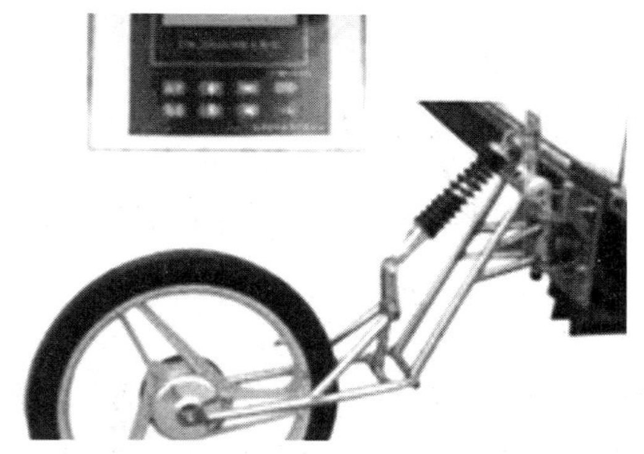

图 2—1—3 第五轮仪

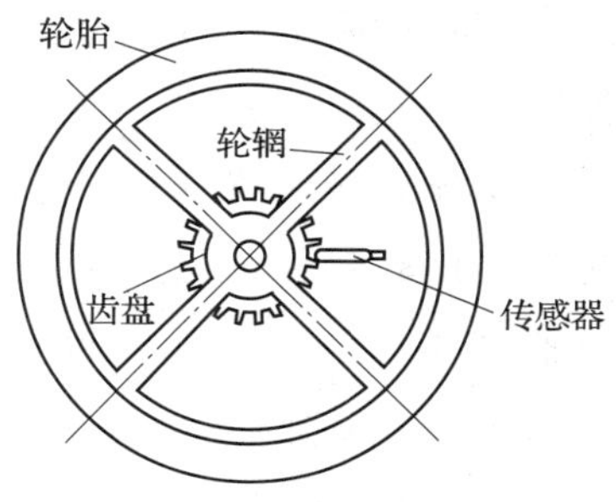

图 2—1—4 第五轮仪传感器部分

当第五轮转动时，由于磁电传感器磁场强度发生变化，使传感器内线圈产生交变信号，通过整形电路，将连续的脉冲信号送入二次仪表，通过计数器，便可得到行驶距离。在测试过程中，通过检测脉冲周期，便可得出瞬时车速。

（2）数据记录部分

如图 2—1—5 所示，接触式第五轮仪由电感式行程传感器发出汽车行程的信号，一般一个信号等于汽车行驶 1 cm 行程。石英晶体振荡器发出时间信号，作为采样时标准来控制门控，由计数译码器计数，用数码管显示一定时间间隔内汽车的行程，即该段时间中的平均速度。时间间隔一般为 36 ms。除可用数码管显示车速外，还可经过数模转换，将数字变量的模拟量（电压）输至磁带记录仪。在加速性能试验中，既可由数字显示读得加速时间的数值，也能用磁带记录仪记录整个加速过程。试验完毕后，*X*—*Y* 记录仪可直接得到加速行程曲线，如图 2—1—6 所示。

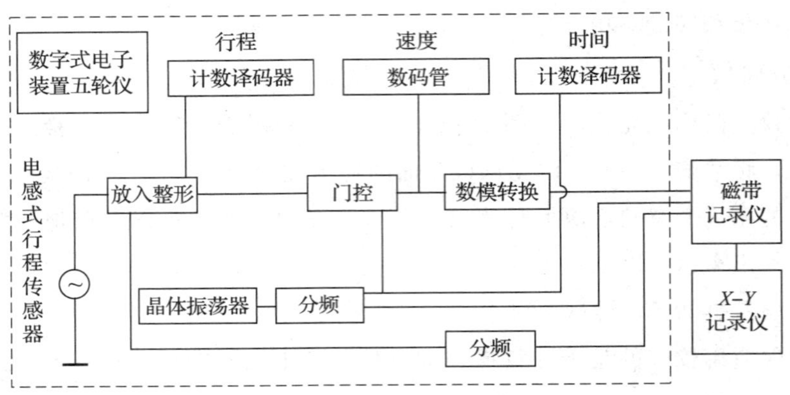

图 2—1—5　接触式第五轮仪的数据记录部分

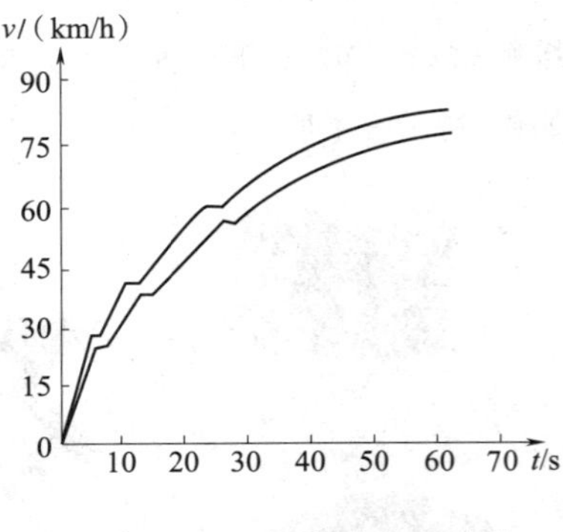

图 2—1—6　加速行程曲线

2．非接触式车速仪

第五轮仪因其结构上的限制，不适合于车速在 180 km/h 以上的速度测试，有时也因打滑或轮胎气压等原因，会使测试精度降低。而非接触式车速仪的测试范围为 0～300 km/h，是第五轮仪的替代产品。

非接触式车速仪如图 2—1—7 所示，以计算机为其核心部件，配以相应的 I/O 接口及外设，不需要与路面接触或设置任何测量标志。它采用光电相关滤波技术，用于汽车动力性、制动性和燃油经济性的测试。非接触式车速仪主要由光电元件、二次仪表（微处理器、键盘、LED 显示器、微型打印机及接口等）及安装机架等组成。

图 2—1—7　非接触式车速仪的使用

非接触式车速仪上的空间频率传感器为光电元件，这是一种非常特殊的传感器，它可以从路面上的小石块、砂粒、沥青路面的各种颗粒或轮胎印在路面上的不规则纹路中，提取特定的反射斑纹（色斑、凹凸斑等），并做出空间反射信息处理。

空间频率传感器如图 2—1—8 所示，由投光器和受光器两大部分组成。投光器将强光照射在地面上，由于地面凹凸不平，产生了阴暗不同的反射，形成宽带随机信号，其主频与车速成正比关系。

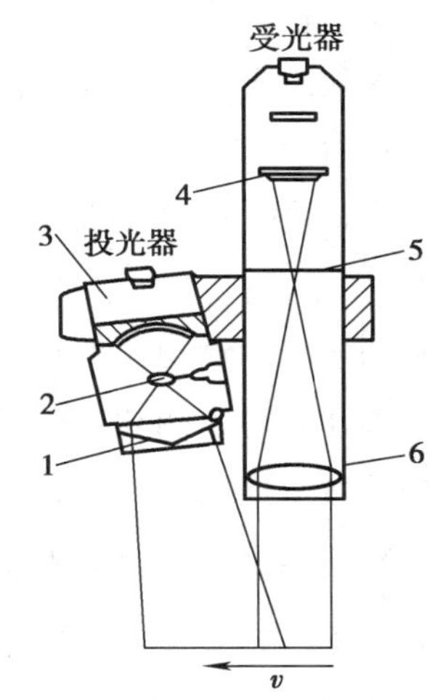

图 2—1—8　空间频率传感器

1—透镜　2—光源　3—反射镜

4—梳状光电管　5—光栅　6—聚光透镜

在安装非接触车速仪时，受光器的端面距离地面一般为 500 mm±100 mm，并应垂直于地面，其侧面的白色记号应与车辆前进方向严格保持一致。目前，日本生产的 LC 系列非接触式车速仪能同时测试并存储速度、距离、时间等参数，并能打印输出。若采用合适的传感器，非接触式车速仪还能测量侧滑角，从而测量出车辆直线行驶时的速度、侧向速度及测滑角。

3．底盘测功机

底盘测功机又称转鼓试验台或底盘测功试验台，其外形如图 2—1—9 所示。它通过在室内台架上以滚筒的表面代替路面，并通过加载装置给滚筒施加负荷以模拟行驶阻力，使汽车尽可能在接近实际道路行驶工况下来进行各项检测与试验。汽车动力性、燃油经济性、加速性、滑行性、制动性和车速表的示值误差，均可在测功机上测定。底盘测功机还可以测量多工况排放指标，进行汽车的加载调试和诊断汽车在负载条件下出现的故障。

图 2—1—9　底盘测功机的外形

（1）底盘测功机的类型

按照滚筒数量不同，底盘测功机可分为单滚筒和双滚筒两种形式。单滚筒底盘测功机的滚筒直径大（1 500～2 500 mm），制造成本和安装费用高，但测试精度也高；双滚筒底盘测功机的滚筒直径小（185～400 mm），成本低，安装使用方便，但测试精度较低。

按测功装置中测功器的形式不同，底盘测功机可分为水力式、电力式和电涡流式三种；按测功装置中测功器的冷却方式不同，底盘测功机可分为风冷式、水冷式和油冷式三种；按滚筒装置的承载能力不同，底盘测功机可分为小型、中型、大型和特大型四种，对应的承载质量见表 2—1—1。

表 2—1—1　　底盘测功机类型与承载质量对应表

类型	小型	中型	大型	特大型
承载质量 m/t	m≤3	3<m≤6	6<m≤10	m>10

（2）底盘测功机的结构及检测原理

由于双滚筒底盘测功机安装、使用方便，检测精度能满足在用车的性能检测要求，故被大量使用在汽车检测线上。下面主要以双滚筒底盘测功机为例介绍底盘测功机的结构及检测原理。

图 2—1—10 所示为双滚筒底盘测功机的结构图，其主要组成部分包括滚筒装置、举升装置、测功装置、测速装置、飞轮装置、控制装置、指示装置及辅助装置。

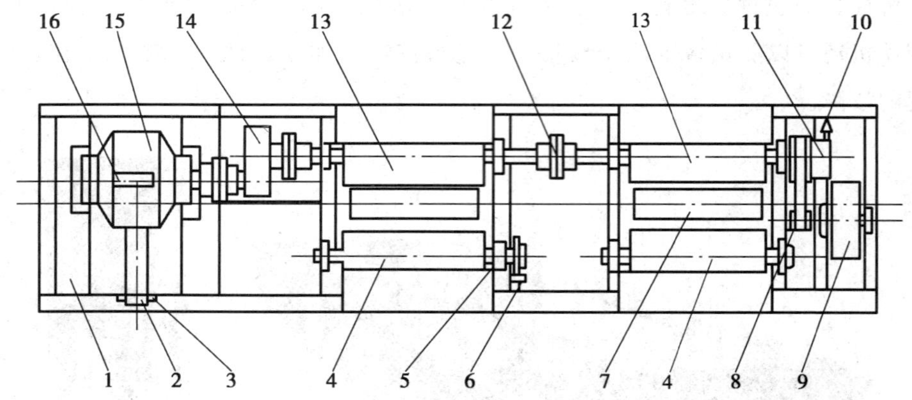

图 2—1—10　DCG—10C 型底盘测功机结构图（机械部分）

1—框架　2—测力杠杆　3—压力传感器　4—副滚筒　5—轴承座　6—速度传感器　7—举升装置　8—传动带轮　9—飞轮　10—电刷　11—离合器　12—联轴器　13—主滚筒　14—齿轮箱　15—电涡轮测功器　16—冷却水入口

1）滚筒装置

滚筒装置模拟连续移动的路面，被测车辆的车轮在其圆周表面上滚动。滚筒直径越大，车轮在滚筒上行驶就越像在平路上行驶，轮胎与滚筒的滑转率小，滚动阻力小，因而测试精度高。

2）举升装置

为了方便汽车驶入和驶出底盘测功机，在主、副滚筒之间设有举升装置。举升装置由举升器和举升平板组成，有气动、液动和电动三种形式，其中以气动最为常见。

3）测功装置

测功装置能测量发动机经传动系传至驱动车轮的功率。测功装置也是加载装置，因为汽车在底盘测功机上进行测试时，底盘测功机要模拟产生各种行驶阻力，使车辆的受力情况如同在实际路面上行驶一样，故它是底盘测功机的关键部分。

4）测速装置

底盘测功机在进行测功、加速、等速、滑行和燃油经济性等试验时，都需测得试验车速，因此必须配有测速装置。

5）飞轮装置

飞轮装置的转动惯量能模拟汽车加速、滑行时的惯性力，从而进行加速性能和滑行性能等试验。

6）控制与指示装置

底盘测功机的控制与指示装置往往集成为一体，制成独立的控制台或控制桌，置于底盘测功机旁。若底盘测功机的测力装置为电测式，则指示装置能直接读出驱动车轮的输出功率值，尤其是使用计算机控制的底盘测功机，测力传感器输出的电信号送入计算机处理后，可在指示装置上直接显示功率值。

7）辅助装置

底盘测功机的辅助装置包括汽车的纵向约束装置、冷风装置和滚筒锁止装置等。汽车纵向约束装置的作用是防止汽车在测功机上进行试验时产生前后位移。冷风装置的作用是为汽车发动机散热。

（3）底盘测功机的使用

1）使用前

①对车辆进行外部检查，要求清洗干净，轮胎花纹间不得夹有石粒。

②轮胎气压符合标准。

③发动机机油量和压力在正常范围内。

④自动变速器液在正常范围内。

⑤轴载荷大于测功机允许值的车辆，不能上机测试。

⑥按使用说明要求对测功机进行开机准备。

2）使用中

①按规定的使用程序进行操作。

②惯性模拟系统除进行多工况油耗试验、加速试验、滑行试验外，不允许任意使用。

③突然停电时，应立即松开加速踏板并挂空挡。

四、汽车动力性检测

随着我国高等级公路里程的增长，公路路况与汽车性能的改善，汽车行驶车速越来越高，但在用汽车随使用时间的延续其动力性将逐渐下降，不能达到高速行驶的要求，这样不仅降低了汽车应有的运输效率及公路应有的通行能力，而且成为交通事故、交通阻滞的潜在因素。因此，要求对汽车动力性进行定期检测，动力性检测合格是营运汽车上路运行的一项重要技术条件。1995 年，交通部为了提高在用汽车的技术性能，发布了《汽车技术等级评定标准》（JT/T 198—1995）（该标准于 2004 年进行了修订），将动力性作为第一项主要性能进行评定。

汽车动力性的检测方法有道路试验和台架试验两种。

1．汽车动力性道路试验

（1）基本试验条件

试验条件是取得可靠试验结果的保证，因此，在测试过程中应严格遵守试验规程所提出的各项条件要求，并在测试过程中时刻注意试验条件是否出现偏差。

1）车辆条件

对新车或大修后的车辆进行试验前，应进行一定行程的走合，新车应按照制造厂家的规定进行走合（行程一般为 1 000～1 500 km）。试验前还应注意每个总成的技术状况和调整状况，应保证其处于良好的工作状态。

轮胎压力应符合规定的技术要求，误差不得超过±10 kPa。

对于车辆载荷，我国规定动力性试验时汽车要满载，货车内可按规定装载质量均匀的沙包；轿车、客车以及货车驾驶室的乘员可以重物替代，每位乘员的质量按 65 kg 计算。

汽车在试验前应达到如下状态：冷却水温度为 80～90℃，发动机机油温度为 60～95℃，变速器及驱动桥齿轮油温不低于 50℃。若达不到上述要求，应使汽车高速运转进行预热。

2）道路条件

动力性试验的大多数项目均应在混凝土或沥青路面上进行，道路长为 2～3 km，宽不小于 8 m，要求路面平直、干燥、清洁，纵向坡度不大于 0.1%。

3）气候条件

动力性试验应避免在雨天或雾天进行，气压为 99.3～120 kPa，气温为 0～35℃，风速应小于 3 m/s。

（2）道路试验项目

1）最高车速试验

最高车速是指汽车在无风情况下，在水平良好的路面上能达到的最大行驶速度。它并非瞬时值，而是可连续行驶一定距离的最高速度。最高车速反映了车辆依靠动力所能达到的车速极限，试验时应关闭汽车门窗和空调系统等附加设施。

试验时，选择试验路段中间 200 m 为测量路段，并用标杆做好标志，测量路段两端为试验加速区间，试验汽车在加速区间以最佳的加速状态行驶，在到达测量路段前保持变速器（及分动器）在汽车设计最高车速的相应挡位，油门全开，使汽车以最高的稳定车速通过测量路段。试验过程中应注意观察汽车各总成、部件的工作状况，并记录异常现象。

往返试验各进行一次，测定汽车通过测量路段的时间，并按式 2—1—5 计算出试验结果：

$$v = \frac{720}{t}(\mathrm{km/h}) \qquad \text{（式 2—1—5）}$$

式中，t——往返试验所测时间的算术平均值（s）。

2）加速能力试验

汽车的加速能力对平均行驶车速有很大的影响。在加速度的测定中，因为应用速度或距离与时间的关系进行测定较直观，所以一般都是用汽车从某一条件下加速到某一距离或某一车速的时间来表示。

①试验用仪器。使用接触式第五轮仪。

②试验方法。原地起步加速时间采用一挡起步，连续换挡加速至预定的距离进行测定。距离一般为 0～400 m、0～500 m 或 0～1 000 m，以达到此距离所用的时间来比较汽车的加速能力。

超车加速时间采用较多的是用最高挡或次高挡由预定车速全力加速行驶至某一车速所需的时间，或由加速曲线（车速—时间关系曲线）全面反映加速能力。

试验分最高挡和次高挡加速性能试验以及起步连续换挡加速性能试验两种。装有自动变速器的车辆只进行起步连续换挡加速性能试验，若自动变速器有两挡，则分别进行两次试验。

在进行最高挡和次高挡加速性能试验时，首先选取合适长度的加速性能试验路段，在其两端放置标杆作为记号。汽车在变速器预定挡位，以预定的车速（一般从稍高于该挡最低稳定车速起，选 5 的整倍数速度）作等速行驶，用第五轮仪监视初速度。当车速稳定后，驶入试验路段并迅速将加速踏板踩到底，使汽车加速行驶至该挡位最大车速的 80%以上，对于轿车应达到 100 km/h 以上。同时，用第五轮仪记录汽车的初速度和加速行驶的全过程，如图 2—1—11 所示。往返试验各进行一次，往返试验的路段应重合。

起步连续换挡加速性能试验在相同的试验路段进行，汽车停在试验路段其中一端，当发动机达到最大功率转速时，迅速平顺地换挡并立即将油门全开，直至最高挡最高车速的 80%以上，对于轿车应加速到 100 km/h 以上。同时，用第五轮仪记录汽车加速行驶的全过程，往返试验各进行一次，往返试验的路段应重合。根据记录数据，分别绘制试验车辆往返两次的加速性能曲线，并取两次曲线的平均值绘制汽车的加速性能曲线，如图 2—1—12 所示。

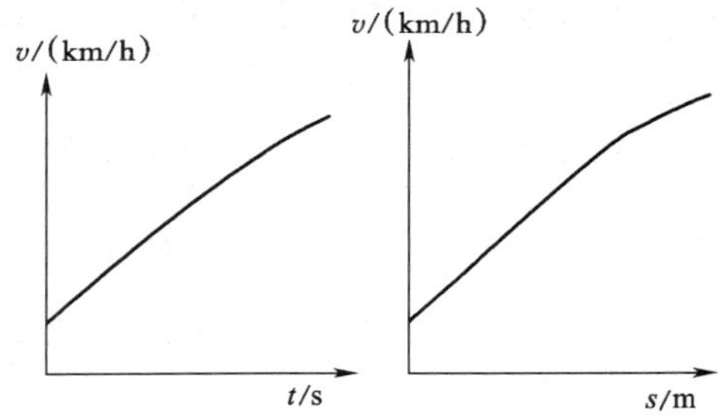

图 2—1—11　最高两挡加速性能曲线

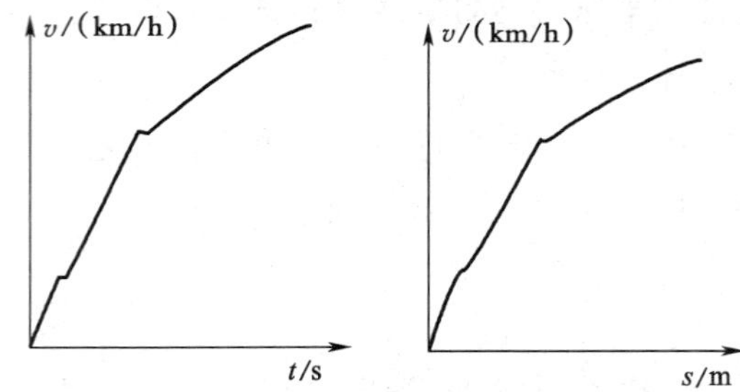

图 2—1—12　起步换挡加速性能曲线

3）爬坡性能试验

爬坡性能试验的目的是测定汽车在各种坡道上的起步能力和爬坡能力，分为陡坡试验和长坡试验。

①陡坡试验。陡坡试验一般在专门设置的坡道上进行，坡道长度应大于车长的 2～3 倍。车辆用最低挡开始爬坡，其所能克服的最大坡度值即为该车的最大爬坡能力，用角度或坡度表示。道路坡度、坡道角和斜度的对应关系如图 2—1—13 所示。

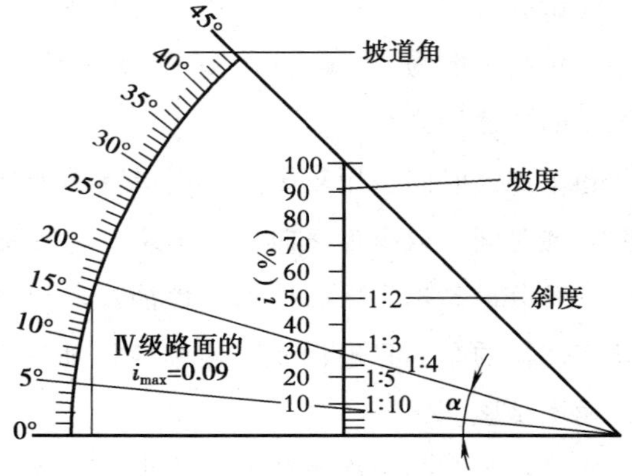

图 2—1—13　道路坡度、坡道角和斜度的对应关系

轿车最大爬坡度一般在 20%以上，货车最大爬坡度在 20%～30%之间，越野车最大爬坡度一般不小于 60%。液力传动车辆最大爬坡度可以更大，但车速极低。因此，一般以克服一定

坡度时的车速来评价其爬坡性能。

进行陡坡试验时，将试验车先停在试验道路的平直路段上。起步后，将油门全开进行爬坡。爬至坡顶后，停车检查各部件有无异常现象，爬坡过程中要做好各项记录。如第一次爬不上，可进行第二次，但总共不超过两次。爬不上坡时，测量停车点（后轮触地中心）到坡底的距离，并记录爬不上坡的原因。

最大爬坡度也可用负荷拖车法进行测量。方法是在平直的路面上，用负荷拖车测量汽车最低挡的最大拖挂牵引力，并按式 2—1—6 计算出最大爬坡度。

$$\alpha_{max}=\arcsin\left(\frac{P_{max}}{9.8m_a}\right)(°) \qquad (式\ 2—1—6)$$

式中，P_{max}——汽车最低挡的最大拖挂牵引力（N）；

m_a———汽车厂定最大总质量（kg）。

若试验车为越野车，则变速器、分动器均置于最低挡，全轮驱动。测试前，将试验车停在接近坡道的平直路段上。起步后，将油门全开进行爬坡。当试验车处于坡道上时停住车辆，将变速器置于空挡，发动机熄火 2 min 后再重新起步爬坡。爬至坡顶后，停车检查各部件有无异常现象。爬坡过程中要做好各项记录。

②长坡试验。长坡试验的目的是综合考察汽车的动力性和燃油经济性，并对发动机冷却系统的冷却能力、发动机热状况和传动系统等在低转速、大转矩工作条件下的性能加以检验，也可通过测定挡位利用率对传动系速比的合理设置进行分析比较。

长坡试验在最大纵向坡度为 7%～10%、长为 10 km 以上的连续坡道上进行，一般要求上坡路段应占坡道总长的 90%以上。试验时，根据道路情况和汽车的动力状况，以合适的变速器挡位爬坡，原则上在保证安全和交通法规允许的前提下，尽可能以较高的车速行驶。试验时，注意发动机水温，当有“开锅”等异常情况时应停止试验。试验过程中，要记录好整个行驶过程中各挡位的使用次数和时间、行驶里程和燃料消耗量，并计算出各挡位的时间利用率、平均车速和百公里油耗。

与陡坡试验相仿，针对发动机冷却系统能力的试验，在长坡试验中也可用负荷拖车法进行测试。

4）滑行试验

滑行是汽车加速至某预定速度后，摘挡脱离发动机动力，利用汽车的动能继续行驶至停车的过程。汽车滑行性能的好坏，对其动力性和燃油经济性有着重要的影响。滑行试验的目的是为了检查汽车底盘的技术状况和调整状况，同时也是在道路上测定汽车行驶阻力的方法之一，可作为室内台架试验时设定底盘测功机系数的依据。

滑行试验中，可采用低速滑行试验方法测量出行驶阻力系数，将其近似作为滚动阻力系数；采用高速滑行试验方法测量出行驶阻力系数，将其近似看成由滚动阻力和空气阻力两部分组成，进而求出空气阻力系数。

试验时，选取长约 1 000 m 的平整路段为试验路段，关闭汽车门窗，进入滑行路段前车速应稍大于 50 km/h。此时，驾驶员将变速器置于空挡，松开离合器踏板让汽车滑行。在滑行过程中，不得转动方向盘，直至车辆完全停止。记录从车速为 50 km/h 开始至停车的滑行时间和距离。试验至少往返各滑行一次并尽可能使往返的路段重合，计算出各次试验数据的平均值。

2．汽车动力性台架试验

汽车动力性台架试验（见图 2—1—14）项目包括驱动轮输出功率检测和加速时间及滑行距离检测。

图 2—1—14　汽车动力性台架试验

（1）驱动轮输出功率检测

1）试验前，检查仪器、车辆及其他准备工作是否按规程准备好。

2）根据受检车型，在底盘测功机上设定检测速度。

3）将驱动轮置于底盘测功机的滚筒上，使举升器下降，用纵向约束装置——挡车器挡住非驱动轴车轮，必要时通过钢丝绳将汽车尾部与地锚拉紧，前桥驱动车辆拉紧驻车制动并调整活动挡轮使其靠近车轮。

4）关闭空调系统等非行车必需的耗能装置，起动汽车，逐步加速并换至直接挡，使汽车以直接挡的最低车速稳定运转。

5）将加速踏板踩到底，测定设定速度下的驱动轮输出功率。

6）待汽车速度在设定的检测速度下稳定 15 s 后，读取并记录仪表显示的输出功率值。实际检测速度与设定检测速度的允差为±0.5 km/h。在读数期间，转矩变动幅度应不超过 4%。

7）按国家标准《汽车动力性台架试验方法和评价指标》（GB/T 18276—2000）的要求

记录环境状态及检测数据，并将输出功率修正为标准环境状态下的校正驱动轮输出功率。

8）对低于允许值的车辆，允许重测一次。

9）使举升器上升将驱动轮托起，移去各种约束，检测结束。

（2）加速时间及滑行距离检测

1）试验前，检查仪器、车辆及其他准备工作是否按规程准备好。

2）根据被测车辆的基准质量选定底盘测功机的相应当量惯量，当底盘测功机所配备飞轮系统的惯量级数不能准确满足被测车辆的当量惯量需要时，可选配与被测车辆整备质量最接近的转动惯量级，但应对检测结果做必要的修正。

3）根据被测车型，在底盘测功机上设定加速时间及滑行速度区间。

4）将驱动轮置于底盘测功机的滚筒上，使举升器下降，用纵向约束装置——挡车器挡住非驱动轴车轮，前桥驱动车辆拉紧驻车制动并调整活动挡轮使其靠近车轮。

5）关闭空调系统等非行车必需的耗能装置，起动汽车，按引导系统提示加速至高于规定车速后，将变速器置于空挡。利用车辆与底盘测功机储存的动能，使其运转直至车轮停止转动。

6）记录车辆在规定速度区间内的加速时间及滑行距离。

7）使举升器上升将驱动轮托起，脱开惯性模拟飞轮并移除各种约束，检测结束。

思考与练习

1. 汽车动力性指标有哪些？
2. 影响汽车动力性的因素有哪些？
3. 检测汽车动力性的设备有哪些？

课题二　汽车燃油经济性指标及检测

- ◆ 掌握汽车燃油经济性指标及其主要影响因素。
- ◆ 了解油耗仪的种类、结构及基本原理。
- ◆ 熟悉汽车燃油经济性道路试验的检测项目和检测方法。
- ◆ 熟悉汽车燃油经济性台架试验的检测项目和检测方法。

想一想

一辆汽车的油耗不仅影响汽车的使用成本，而且高油耗也意味着排放更多的污染物，在提倡节能减排的今天，生产“多做功、少耗油”的汽车是各大汽车厂努力的方向。那么，哪些因素会影响汽车的油耗呢？

影响汽车油耗的因素主要有发动机排量、汽车重量及载重量等。排量越大、重量及载重量越大，油耗越高。另外，汽车使用因素如汽车驾驶员的操作水平和习惯也能影响汽车油耗。例如，是否平稳加油换挡，车速与加速踏板挡位是否合理匹配，是否规范保养，轮胎气压是否偏低，使用宽胎还是窄胎等。除此之外，还有哪些因素能影响汽车油耗呢？

汽车燃油经济性指标通常要通过路试和台架测试两种方法检测，检测过程中要用到哪些仪器和设备？测量方法是什么？

一、汽车燃油经济性指标

一般来说，国际上评定汽车燃油经济性好坏用耗油量或油行程来表示。耗油量是指汽车满载时单位行驶里程所需燃油体积，我国和欧洲都用行驶百公里消耗的燃油数（L）来表示，即 L/100 km；油行程是指汽车满载时，单位体积燃油所能行驶的里程，在美国就是用每加仑燃油能行驶的里程数来表示，即 mile/gal（英里/加仑）。

前一种表示法，数值越小，燃油经济性越好；后一种表示法，数值越大，燃油经济性越好（换算关系：1 英里＝1.609 km，1 加仑＝4.546 L）。汽车的燃油经济性指标与发动机的特性和汽车的自重、车速及各种运动阻力（如空气阻力）、滚动阻力和爬坡阻力、传动系的效率及减速比等都有关系，因而在数值上往往与实际情况有差别。

1. 等速油耗

汽车在无坡度的平坦好路上以等速行驶时的油耗称为等速百公里油耗。所谓等速还要计入以不同车速等速行驶的情况，不同车速的等速行驶百公里油耗是不同的。选择一段无坡度的平坦水泥路面或沥青路面，汽车以最高挡分别以不同的车速（可每隔 10 km/h 的车速取一个点）等速行驶完这段路程，往返一次取平均值（消除风和坡度的影响），记下油耗量，即可获得不同车速下汽车的百公里油耗，即所谓等速百公里油耗。其曲线形状一般是两头高、中间凹。当然，各种型号的车辆（即使同一种型号），其凹下的位置和深度是不相同的。

例如，福克斯的油耗为 5.8 L/100 km，那么一般指的就是该车在经济车速时最省油的百公里耗油量。不过，这样的油耗指标在特定的环境下或者某些节油大赛中会更低，如在 2009 年度 CCTV 节油大赛中，福克斯就能表现出 4.2 L/100 km 油耗的好成绩。

2. 循环油耗

由于等速油耗与实际行驶情况有很大差别，实际上不能全面地评定汽车的燃油经济性。所以，一般采用循环油耗来评定汽车的燃油经济性。循环油耗是指在一段指定的典型路段内汽车以设定的不同工况行驶时的油耗，起码要规定等速、加速和减速三种工况，复杂时还要计入起动、怠速和停驶等多种工况，然后折算成百公里油耗。例如，我国有六工况循环油耗（货车，参见表2—2—1）和城市四工况循环油耗（客车，参见表2—2—2），欧洲有ECE－R15工况循环油耗，美国有公路循环和城市循环油耗等。一般而言，求得的循环油耗还要与等速百公里（指定车速）油耗加权平均后取得综合油耗，以便更科学地评价汽车的燃油经济性。不过有时也不严格地称这种综合油耗为循环油耗，所以现代轿车给出的城市油耗和公路油耗更全面地说，应该是城市综合油耗和公路综合油耗，也可简称为城市循环油耗和公路循环油耗，在我国则更简单地称为城市油耗和公路油耗。

表2—2—1　　六工况循环试验参数表

工况	行程/m	时间/s	累计行程/m	车速/（km/h）	加速度/（m/s^2）
Ⅰ	125	11.3	125	40	—
Ⅱ	175	14.0	300	40～50	0.2
Ⅲ	250	18.0	550	50	—
Ⅳ	250	16.3	800	50～60	0.17
Ⅴ	250	15.0	1 050	60	—
Ⅵ	300	21.6	1 350	60～40	0.26

表2—2—2　　城市客车和双层客车四工况循环试验参数表

工况	运转状态/（km/h）	行程/m	累计行程/m	时间/min	变速器挡位及换挡车速/（km/h）	
					挡位	换挡车速
1	0～25 换挡加速	5.5	5.5	5.6	Ⅱ～Ⅲ	6～8
		24.5	30	8.8	Ⅲ～Ⅳ	13～15
		50	80	11.8	Ⅳ～Ⅴ	19～21
		70	150	11.4	Ⅴ	
2	25	120	270	17.2	Ⅴ	
3	25（30）～40	160	430	17.7（20.9）	Ⅴ	
4	减速行驶	270	700		空挡	

注：

（1）对于5挡以上变速器采用Ⅱ挡起步，按表中规定循环试验；对于4挡变速器Ⅰ挡起步，将Ⅳ挡代替表中Ⅴ挡，其他依次代替，则按表中规定试验循环进行。

（2）括号内数字适用于铰接式客车及双层客车。

二、影响汽车燃油经济性的因素

发动机的燃料消耗量，一方面取决于发动机的类型及设计制造水平；另一方面又与汽车行驶时发动机的负荷率（指在相同发动机转速情况下，节气门部分开启时发动机的传输功率与全部开启时发动机在全负荷工况下传输的功率的比值）有关。当然，汽车的燃料消耗量还与行驶工况以及汽车附件的使用有关。

下面从结构因素、环境因素、使用因素三个方面讨论影响汽车燃油经济性的因素。

1．结构因素

（1）尺寸和质量

美国运输部（DOT）根据车辆试验数据绘制的城市循环工况燃油经济性与车辆质量的关系曲线表明：豪华型轿车（2.7 t 以上）比小型轿车（0.5 t 左右）的油耗几乎大3～5倍，其原因是大幅增加了各种行驶阻力。另外，为保证高的动力性装用了大排量的发动机，使行驶负荷率降低。

（2）发动机

发动机中的热损失与机械损耗占燃油化学能中的65%。显然，发动机是对汽车燃油经济性最有影响的部件。此外，发动机的经济负荷率为80%～90%，若发动机的功率较大，则在一般车速和道路条件下经济负荷率降低，使燃油经济性变差。

（3）传动系

变速器的挡位越多，就会给汽车行驶提供越多的操纵选择，在同一汽车行驶速度下，增加了发动机在低燃油消耗区工作的可能，有利于提高汽车的燃油经济性。

目前，在轿车上广泛应用的自动液力变速器，由于其中的液力变矩器传动效率较低，汽车的油耗上升了10%～11%，使燃油经济性有所下降。

（4）外形与轮胎

风阻系数 C_D 值是影响汽车燃油经济性的重要因素，长期以来，各国都在为降低风阻系数 C_D 值而不断进行研究。如图2—2—1所示是Audi 100轿车通过变动车身形状而具有不同 C_D 值的试验结果。从图中可以看出，当 C_D 值由0.42降到0.3时，其混合百公里燃料消耗量可降低9%，而以150 km/h等速行驶的油耗则可降低25%左右。

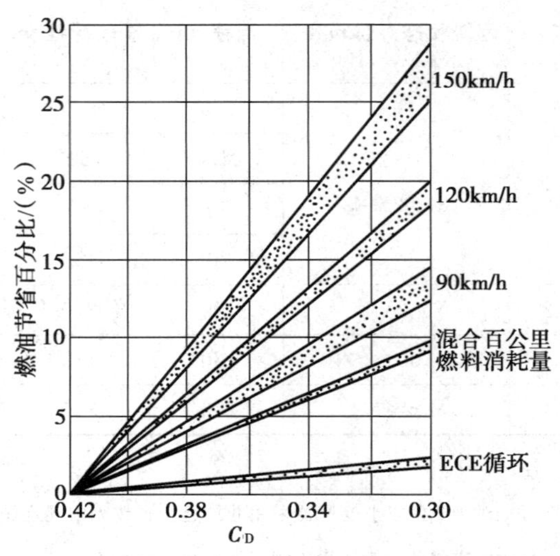

图2—2—1　C_D 值与油耗的关系

轮胎也是影响汽车燃料消耗量的一个重要因素。现在，子午线轮胎由于其滚动阻力小，被公认为是综合性能最好的汽车轮胎，得到了广泛应用。与一般斜交轮胎相比，子午线轮胎能省油 6%～18%。图 2—2—2 所示为东风 EQ1092 载货汽车装用不同轮胎时等速百公里油耗曲线。

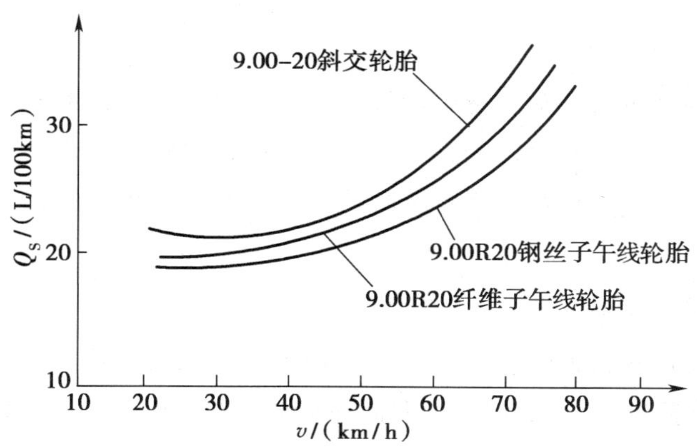

图 2—2—2　东风 EQ1092 载货汽车装用不同轮胎时等速百公里油耗曲线

2．环境因素

（1）道路条件

不同的道路等级和道路状况，其行驶阻力存在较大的差异。阻力越大，加速踏板开度就相应增大，汽车行驶的油耗量就增大。

在路面交通情况复杂的城市道路，汽车频繁起动、制动、停车、加速，也会使油耗量增大，直接影响汽车的燃油经济性。

（2）气候条件

我国疆土辽阔，南北跨越热带、温带并接近寒带，南北温差悬殊；东西从平原到高原，无论是气压还是湿度，差异甚大。各种不同的气候条件对发动机的工作产生了不同的影响。气温过低，发动机启动困难、燃油雾化不良、燃烧速度慢，使汽车的燃料消耗量增大；气温过高，发动机的充气量下降，容易过热和产生气阻，使油耗增加。随着海拔高度的增加，气压降低、空气稀薄，发动机的充气量也随之下降，燃料燃烧受到影响而使汽车的燃油经济性下降。

3．使用因素

（1）行车速度

汽车在接近于低速的中等车速时燃料消耗量是最低的，在高速时随车速增加燃料消耗量迅速上升。这是因为在高速行驶时，虽然发动机的负荷率较高，但汽车的行驶阻力增加很多而导致百公里油耗增加。

（2）挡位选择

汽车在不同的道路和路况行驶，需要根据实际情况而变换挡位。显然，在同一道路条件与车速下，虽然发动机发出的功率相同，但挡位越低，后备功率越大，发动机的负荷率越低，燃油消耗率越高，百公里燃料消耗量也越大；而使用高挡位时的情况则相反。

（3）行车温度

汽车的行车温度包括发动机冷却液温度、机油温度、变速器和主减速器齿轮油温度等，其中主要的是发动机冷却液温度。试验表明，当出水温度由 80℃降至 60℃时，油耗增加 3.5%；若降至 40℃，油耗增加 11%。同样，若冷却液温度过高，油耗也会增加。

（4）汽车保养与调整

汽车的保养与调整会影响到发动机的性能与汽车的行驶阻力，故会对油耗产生影响。如一辆装载质量为 2.5 t 的汽车，在良好水平道路上以 30 km/h 的车速开始摘挡滑行，滑行距离应达到 200～250 m。当滑行距离由 200 m 增加到 250 m 时，油耗可降低 7%。美国佐尔顿研究中心曾对某轿车进行技术状况与油耗关系的试验，结果表明，当技术状况不正常时，燃油经济性由 19.3 MPG 下降到 11.9 MPG，即油耗由 14.6 L/100 km 增至 23.7 L/100 km。

三、汽车燃油经济性检测设备

油耗仪是测量汽车燃料消耗量的仪器，用于评价汽车的燃油经济性。油耗仪种类繁多，按测量方法不同可分为容积式油耗仪、重量式油耗仪，以及各种类型的燃油流量计。现在用得最普遍的是容积式油耗仪和重量式油耗仪。

下面以 JWY—1 微机多功能油耗仪（见图 2—2—3）为例介绍其组成及使用方法。

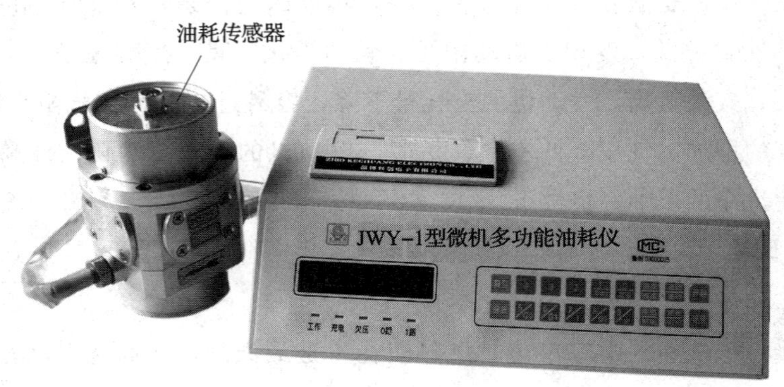

图 2—2—3 JWY—1 微机多功能油耗仪

1．油耗传感器

（1）油耗传感器的结构原理

油耗传感器流量检测装置由流量变换机构及信号转换机构组成。流量转换机构是将一定容积的燃油流量变为曲轴的旋转运动，它由十字形配置的4个活塞和旋转曲轴组成。

燃油在泵油压力的作用下推动活塞运动，再由活塞运动推动曲轴旋转，曲轴旋转一周即4个活塞往复运动一次，完成一个进油、排油循环。如此反复，在燃油泵泵油压力的作用下，即可完成定容量、连续泵油的作用。

信号转换机构装在曲轴的另一端，由主动磁铁、从动磁铁、转轴、光栅板、光敏对管、电缆插座及壳体等组成。主动磁铁装在曲轴上，从动磁铁装在转轴上，转轴通过轴承支承在壳体内，转轴的上端固定有转动光栅板，在光栅板两边是光敏对管。当曲轴转动时，由于一对永久磁铁的吸引作用，转轴及其上端的光栅板随之转动，通过光敏对管的光电作用，将转轴的转动转变成光电脉冲。

（2）油耗传感器使用前排气泡

合理布置检测油路与排净油路中的气泡对保证检测准确性至关重要。

汽油机：将传感器入口接汽油泵出口，传感器出口接发动机供油入口。

柴油机：将传感器串联在油箱和高压油泵的油路当中，但需注意回油管应接在传感器出油口，以免被检测仪器重复计数。

汽油车：管路存在堵塞或泄漏时，无法彻底排尽气泡，对油耗检测的结果影响非常大。产生原因主要有以下几个方面：拆装油管时产生滴漏现象，装好后里面充满空气；连接处未夹好造成泄漏；汽油泵进油阀老化，密封性下降，供油压力不足；发动机过热形成气阻；汽油滤清器堵塞或油箱盖上孔堵塞，造成汽油泵泵油时形成“真空”。

可采取以下办法尽量避免气泡：把车上从油箱到汽油泵的管路“短路”，装上新的、密封性好、无堵塞的油管，前端使用性能较稳定的汽油滤清器，缩短连接到传感器的油管长度，使油泵到传感器的阻力减小，从而避免气泡。

柴油车：装好传感器后，须用手动泵泵油，以泵油压力排除油路中的气泡。注意，与汽油车可以在发动后排除气泡不同，柴油车必须在发动之前排尽油路中的气泡。

（3）测试连接情况

1）汽油车（不带回油）

油箱→滤清器→传感器→油泵→发动机。

2）汽油车、柴油车（有回油）

油箱→滤清器→传感器→三通→低压泵→高压泵→发动机。

↑　　　　　　　　　↑

回油管

2．本机操作流程

本机操作大体可分为七个阶段：

（1）初始阶段：开机或按复位键，显示“Good”字样。

（2）选择工况：本机备有各工况选择键，按相应的工况选择键，自行转移到该工况所对应的控制程序。

（3）检查、修改数据：本机根据各工况的试验规程已存有与试验相关的数据，如用户要修改数据，则可输入相应的数据进行修改。

（4）开始试验：当准备工作做好后，满足试验的开始条件时即可开始试验。道路试验中车速参照被测车的车速表，距离参照公路路基标识。

（5）试验过程：自动进行有关数据的采集、存储和显示。

（6）打印阶段：试验结束，自行打印试验结果清单。

（7）反向试验：反向进行试验，计算并打印正、反两次试验结果的平均值。

四、汽车燃油经济性检测

1．道路试验检测

汽车燃料消耗量与发动机类型、制造工艺、调整状况、道路条件、气候情况、海拔高度、驾驶技术等多种因素有关，因此，其主要试验方法必须有完整的规范。汽车在路试条件下燃料消耗量的试验方法如下：

（1）试验规范

汽车路试的基本规范可按照国家标准《汽车道路试验方法通则》（GB/T 12534—1990）执行。

（2）试验车辆载荷

除有特殊规定外，轿车为规定载荷的一半（取整数）；城市客车为总质量的65%；其他车辆为满载，乘员质量及其装载要求按国家标准《汽车道路试验方法通则》（GB/T 12534—1990）的规定执行。

（3）试验仪器

试验仪器及精度要求如下：

1）车速测定仪和多功能油耗仪：精度为0.5%。

2）计时器：最小读数为0.1 s。

（4）试验的一般规定

试验的一般规定如下：

1）试验车辆必须清洁，关闭车窗和驾驶室通风口，只允许开启为驱动车辆所必需的设备。

2）由恒温器控制的空气流必须处于正常调整状态。

（5）试验项目

试验项目如下：

1）直接挡开全加速踏板加速燃料消耗量试验。

2）等速行驶燃料消耗量试验。

3）多工况燃料消耗量试验。

4）限定条件下的平均使用燃料消耗量试验。

在汽车检测站进行路试时，一般以等速行驶燃料消耗量试验来检测汽车燃料消耗量，即汽车在常用挡位（直接挡）从车速 20 km/h 开始（当最低稳定车速高于 20 km/h 时，从 30 km/h 开始），以间隔 10 km/h 的整数倍的各预选车速，通过 500 m 的测量路段，测定燃料消耗量 Δ（mL）和通过时间 t（s）。每种车速试验往返各进行两次，直到该挡最高车速的 90%以上（至少不少于 5 种预选车速）。两次试验时间间隔（包括达到预定车速所需的助跑时间）应尽量缩短，以保持稳定的热状态。

2．台架试验检测

采用路试方法受到很多条件限制，而汽车燃料消耗量在底盘测功机上进行台架试验暂无国家标准。因此为了方便、快速地检测燃料消耗量，参照国家标准《汽车燃料消耗量试验方法　第 1 部分：乘用车燃料消耗量试验方法》（GB/T 12545.1—2008）的要求评价汽车燃油经济性，便于汽车综合性能检测站开展车辆技术等级评定工作，可通过台架试验方法来模拟道路试验，即在底盘测功试验台上模拟道路等速行驶油耗测试方法，如图 2—2—4 所示。

图 2—2—4　在底盘测功试验台上进行台架试验

（1）台架法中常见的两种检测油耗的方法

其一为质量法，即采用质量式油耗传感器在底盘测功试验台上进行油耗检测。另一种为容积法，即采用行星活塞式油耗传感器在底盘测功试验台上进行油耗检测。当汽车驶上底盘测功试验台后拆卸燃油管路，接上油耗传感器，排除油路中的气泡，然后在底盘测功试验台上进行加载，使加载量符合该车在路试状态下的各种阻力，然后进行油耗检测。

（2）台架试验中模拟加载量的确定

按照交通部行业标准《汽车技术等级评定的检测方法》（JT/T 199—1995）规定，应测量汽车“等速”百公里燃料消耗量。根据《汽车燃料消耗量试验方法　第 1 部分：乘用车燃料消耗量试验方法》（GB/T 12545.1—2008）、《汽车道路试验方法通则》（GB/T 12534—1990）规定，在限定条件下的平均使用燃料量试验的试验车速：建议轿车为（60±2）km/h，铰接客车为（35±2）km/h，其他采用（50±2）km/h，载荷按照不同车型加载至限定条件，测试距离应保证不少于 500 m。因为加载量是模拟汽车在道路上行驶时所受到的滚动阻力、空气阻力等行驶阻力，由于各个车型的实际情况不同（包括迎风面积、汽车总质量、汽车与地面接触的轮胎个数等），所以不同的车型在底盘测功试验台上应有不同的加载量。模拟加载量的确定方法是：首先，汽车（走合过的新车或接近新车的在用车）在额定总质量状态下，以直接挡从 20 km/h 开始做燃料消耗量试验。往返采样各三次，得出 20 km/h 的该车平均等速油耗，然后每间隔 10 km/h 一直到该车最高车速的 90%，做与上述同样的试验。这样依次得出 20 km/h 到最高车速 90%的等速平均百公里油耗。其次，汽车在准备质量状态下，在底盘测功试验台上也从 20 km/h 开始对底盘测功机加载模拟该车满载时在 20 km/h 路试状态下所受的外界阻力，直至加上某一载荷后得出 20 km/h 等速百公里油耗值与车速为 20 km/h 路试所得的平均百公里油耗值相同，则上述对底盘测功机的加载量即为车速在 20 km/h 时的模拟加载量。然后，按照上述试验方法依次可得出各个车速下的加载量。常见的工信部油耗就是由台架试验得出的，如图 2—2—5 所示是某车型的工信部油耗标识。

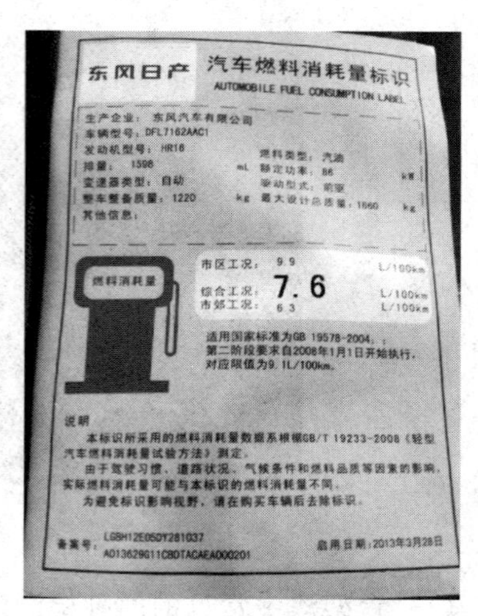

图 2—2—5　某车型的工信部油耗标识

（3）测定电控喷油汽油机油耗时应注意的问题

1）仅使用油耗传感器时，电控喷油发动机需处理从压力调节器回流多余燃油的问题。如果多余的油回到油耗传感器的前面，则测出的油耗则是发动机实际消耗的油加上回流的油。必须让多余的油回到油耗传感器的输出端才算正确。

2）在 1）的场合，如果遇到油耗传感器及喷油泵间产生负压，引起气穴现象时，自油箱来的油压大概为 20 kPa，有必要加一个辅助泵，该辅助泵使燃油泵进油端的油路保持正压，避免气穴现象，可以进行稳定的油耗测量。

（4）台架检测法中存在的问题

1）测量准确性

为在台架检测中做到准确测量，应注意以下几点：

①测试距离不得小于 500 m。

②发动机冷却液温度应在 80～90℃范围内，冷却液温度过高时应用鼓风机（冷却风扇）降温，使冷却液温度达到上述要求。

③在车辆技术等级评定油耗工位测试时应采用直接挡，无直接挡时采用最高挡，若无特殊规定或说明，车速通常采用 50 km/h，车速控制误差应在±0.5 km/h 以内。

④被测车底盘温度应随着室温变化严格控制，当室温小于 10℃时，底盘温度应控制在 25℃以上（可用点温计测量主减速器外壳温度），因为汽车底盘温度的高低决定了汽车的行驶阻力，而行驶阻力的大小对油耗检测数据影响较大。通常应做出各典型车型主减速器外壳温度与油耗的关系曲线，然后将油耗数据均修正到减速器外壳温度为 25℃以上的值。

⑤柴油车还应考虑回油问题。

⑥轮胎气压（冷态）应符合该车技术条件的规定，误差不超过±0.01 MPa，且左右轮胎花纹应一致。

2）安全问题

为确保台架检测时的安全，应注意以下几点：

①被测车辆旁必须配备性能良好的灭火器。

②油耗传感器用油管应透明、耐油、耐压，油管接头必须用合格的环形夹箍，不得用铅丝缠绕，确保无任何渗漏。

③拆卸油管时必须用沙盘接油，不允许用棉纱或其他易燃物接油，不允许燃油流到发动机排气管上。

④测试时发动机盖需打开，以便观察是否有渗漏现象；测试完毕，安装好原管路后启动发动机，在确保无任何渗漏时方可盖上发动机盖。

3）清洁问题

在台架检测时应注意下列清洁问题：

①连接油路时，油耗传感器底板需处于水平状态，并注意进、出油口方向；不用时，进、出油口必须加套保护，以防异物进入而卡死传感器活塞。

②传感器的滤清器在被脏物堵塞后，可拆下，用压力小于 500 kPa 的压缩空气吹除脏物。

思考与练习

1. 汽车燃油经济性指标有哪些？
2. 影响汽车燃油经济性的因素有哪些？
3. 检测汽车燃油经济性的设备有哪些？

模块三 汽车制动性与操纵稳定性检测

课题一　汽车制动性指标及检测

学习目标

- 掌握汽车制动性指标及其主要影响因素。
- 了解汽车制动试验台的种类、结构及基本原理。
- 熟悉汽车制动性台架试验的检测项目和检测方法。
- 熟悉汽车制动性道路试验的检测项目和检测方法。

想一想

一辆车光跑得快还不够，关键时候还得站得住（即汽车制动性能良好）。通常用制动距离来衡量汽车的制动性能好坏，普遍认为一台车 100～0 km/h 速度行驶时实测制动距离小于 42 m 为优秀，在 42～45 m 之间算合格，大于 45 m 表示制动性能很差。那么，哪些因素会影响汽车制动性能呢？

在影响制动性能的因素中，驾驶习惯尤为重要。例如，在长而陡的下坡路上，特别是在车辆负载较重时，必须及时换至较低的挡位，利用发动机制动来控制车速，防止制动器过热或磨损过快；在制动器经受较大负荷后，如紧急制动或长时间制动后，不要立即停车，应继续行驶一小段距离，这样可以利用空气的流动使制动器更快地冷却；如果车辆的制动系统已有很长时间没有进行过强大制动，应该在车辆中速行驶过程中不时地强力踩踏制动踏板，这样有助于提高制动片的夹持力；经常检查制动液，按期保养，这样可以大大提高制动效果和安全系数。

汽车制动性指标通常要通过路试和台架测试两种方法检测，检测过程中要用到哪些仪器和设备？测量方法是什么？

一、汽车制动性指标

汽车制动性能的评价指标包括制动效能、制动效能的恒定性、制动时的方向稳定性三个方面。

1．制动效能

汽车的制动效能是指汽车在行驶中能强制地减速直至停车，或在下长坡时维持一定速度的能力。评价汽车制动效能的指标一般有制动距离、制动减速度、制动力和制动时间。

（1）制动距离

制动距离是指从驾驶员踩踏制动踏板到车辆完全停止，车辆所驶过的距离。车辆制动系调整得好坏，制动系反应时间的长短，制动力上升的快慢及由制动力使车辆产生的减速度的作用等，均包含在这一参数中。它是评价汽车制动系最直观的参数。用制动距离来评价汽车的制动效能具有一定的准确度且重复性较好。

制动距离是一个整车制动性能参数，所以它不能单独反映出各个车轮的制动状况及制动力的分配情况。当制动距离延长时，也不能反映出由于什么故障（例如，有关零部件的故障或调整、装配质量等）使制动性能变差。

（2）制动减速度

在实际的制动过程中，制动减速度是个变化的值，一般认为制动到车轮抱死状态，具有最大的地面制动力，因此产生最大制动减速度。

从行驶安全的角度出发，制动减速度越大，则制动效果越好。制动力越大，则制动减速度越大。制动减速度可以用制动减速度仪来检测，但检测时容易出现以下问题：

1）受车辆制动时倾角的影响而使测量精度降低。对不同形式的车辆，在同一速度下制动时的倾角大小不同，其误差也不同。

2）试验的重复性差。

3）测试时受路面附着系数的影响很大。

由于测出的是一个整车性能参数，反映不出各车轮的制动力及分配情况。在国家标准《机动车运行安全技术条件》（GB 7258—2012）中不用制动稳定减速度来评价制动性能，而是用充分发出的平均减速度来评价汽车的制动性能。通常，用 *FMDD*（Fully Mean Development Deceleration）来表示充分发出的平均减速度，其定义如下：

$$FMDD=\frac{v_b^2-v_e^2}{25.92\ (S_e-S_b)}\ (\mathrm{m/s^2}) \qquad (式 3—1—1)$$

式中，v_b——0.8 v_0（车辆速度）（km/h）；

v_e——0.1 v_0（车辆速度）（km/h）；

v_0——制动初速度（km/h）；

S_b——在速度 v_0 和 v_b 之间车辆驶过的距离（m）；

S_e——在速度 v_0 和 v_e 之间车辆驶过的距离（m）。

充分发出的平均减速度不受测试时车辆倾角的影响，能较准确地反映车辆的制动速度特性。

（3）制动力

汽车在行驶中，之所以能强制减速以至停车，最本质的因素是制动器所产生的一个与汽车行驶方向相反的摩擦阻力，这就是制动力。制动力对汽车的制动性能具有决定性影响。汽车质量越大，车速越高，所需的制动力也越大。因此，制动力这个参数是从本质上评价汽车制动性能的指标。

用制动力这个参数评价汽车的行车制动性能，可以对前后轴制动力的合理分配以及每轴两轮平衡制动力差提出要求，从而保证汽车制动的方向稳定性，并使各轮附着重量得到充分利用。

用制动力作为单独的检验指标时，在检验了制动力大小、制动力合理分配及平衡制动力差的同时，还要检验制动协调时间。制动协调时间包括消除制动拉杆、制动鼓间隙和部分制动力增长过程所需要的时间，要求单车的制动协调时间不超过0.6 s。调整良好的液压制动系的协调时间为0.15～0.20 s，气压制动系的协调时间为0.20～0.40 s。如果汽车以60 km/h的速度行驶，每秒行驶16.7 m，在制动协调时间内，液压制动汽车行驶距离为2.5～3.3 m，气压制动行驶距离为3.3～6.6 m。若制动系调整不当，这个距离要成倍增长。另外，各轮制动协调时间不等，还会引起跑偏。目前，在汽车检测站主要用检测制动力的方法来检验汽车的制动性能，但许多制动试验台不具备检验制动协调时间的能力，使检测结果不能准确地反映汽车的实际制动效果。

（4）制动时间

如图3—1—1所示为紧急制动时踏板力 F_p、制动减速度 j 与时间 t 的关系曲线。从图中可以看出，制动系反应时间 t_1、制动减速度上升时间 t_2 和持续制动时间 t_3 的长短也可以评价车辆制动效能的好坏。制动系反应时间 t_1 的长短可反映出制动系调整的情况，特别是制动踏板的自由行程调整得是否合适；制动减速度上升时间 t_2 的长短可以反映出制动减速度（或制动力）上升的快慢，从而间接地反映出制动性能的优劣；持续制动时间 t_3 的长短看似关键，但实际上它受到 t_1 和 t_2 的影响极大。

制动时间不能作为一个单独的参数来评价车辆的制动效能，而是作为一个辅助评价制动效能的指标，与前述充分发出的平均减速度或制动力共同评价汽车的制动效能。这个辅助评价指标就是制动协调时间。制动协调时间是指急踩制动踏板时，从脚接触踏板开始至车辆减速度（或制动力）达到规定的车辆充分发出的平均减速度值的75%的时间。按照机动车运行安全技术条件规定的制动协调时间限值，单车应不大于0.6 s，列车应不大于0.8 s。

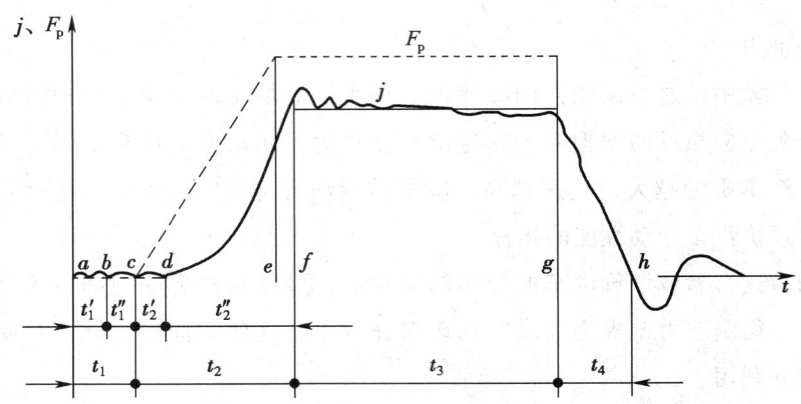

图 3—1—1　紧急制动时踏板力 F_p、制动减速度 j 与时间 t 的关系曲线

2．制动效能的恒定性

（1）热衰退

汽车制动抗热衰退性能是指汽车高速制动、短时间内重复制动或下长坡连续制动时制动效能的热稳定性。因为制动过程实质是把汽车的动能通过制动器吸收转化为热能。制动过程中制动器温度不断升高，制动器的工作温度常在 300℃以上，有时高达 600～700℃，制动器摩擦系数下降，摩擦阻力矩减小，从而使制动能力降低，这种现象称为热衰退现象，可以用制动器处于热状态时能否保持冷状态时的制动效能来评价。抵抗热衰退的能力，常用一系列连续制动后（按规定的次数和达到的减速度），制动效能较冷态制动时下降的程度来表示。试验表明，当蹄片温度达到 436～460℃时，制动器的摩擦力矩只有冷态制动时的 23％。

制动抗热衰退性是衡量制动效能恒定性的一个指标。随着高速公路的发展和车速的提高，汽车制动效能的恒定性也越来越高。但由于测试方法复杂，在一般汽车综合检测中较难实施，因此，对于在用汽车无须检测制动抗热衰退性。

（2）水衰退

汽车涉水后，由于制动器被水浸湿而产生润滑作用，使摩擦系数降低造成制动效能下降，这种现象称为制动效能的水衰退现象。为了保证安全，汽车涉水后应踩几脚制动踏板，制动摩擦产生的热量能使制动器迅速干燥，制动性能可恢复正常。

3．制动时的方向稳定性

制动稳定性是指制动时汽车的方向稳定性。一般称汽车在制动过程中维持直线行驶的能力或按预定弯道行驶的能力为汽车制动时的方向稳定性。汽车丧失制动稳定性表现为制动跑偏、车轴侧滑或失去转向能力等。

（1）制动跑偏

汽车直线行驶制动时，在转向盘固定不动的条件下，汽车有自动向左侧或向右侧偏驶的现象，称为制动跑偏。制动跑偏主要是由于汽车左右车轮，特别是转向轴左右车轮制动力不相等造成的。另外，轮胎的机械特性、悬架系统的结构与刚度、前轮定位、道路状况、车辆轮荷分布状况等因素也会影响制动跑偏。

转向杆系与悬架杆系在运动上的干涉主要是设计原因造成的，引起制动跑偏的方向是固定的，通过正确设计基本可以避免。为了限制制动跑偏，用制动力检验制动效能时，要求前轴左右轮制动力之差不大于该轴轴荷的5%，后轴左右轮制动力之差不大于该轴轴荷的10%。

（2）制动侧滑

制动时汽车的一轴或两轴发生横向滑移的现象称为制动侧滑。汽车在制动过程中，当车轮未抱死制动时，车辆具有承受一定侧向力的能力。汽车在一般横向干扰力的作用下不会发生制动侧滑现象。当车轮抱死制动时，车轮承受侧向力的能力几乎全部丧失，汽车在横向干扰力作用下极易发生侧滑。因此，从保证汽车方向稳定性的角度出发，最理想的制动就是避免任何车轮抱死，以确保制动时的方向稳定性。

二、影响汽车制动性的因素

1．轴间负荷分配的影响

汽车的制动性与汽车的结构及其使用条件有关。例如，汽车轴间负荷的分配、载质量、制动系的结构、利用发动机制动、行驶速度、道路情况、驾驶方法等，均对制动过程有很大影响。

汽车制动时，前轴负荷增加，后轴负荷减小。如果前后轮制动器制动力根据轴间负荷的变化分配符合理想分配的条件，则前后轮同时抱死。如果前后轮制动器制动力的比例为定值，则只有在具有同步附着系数的路面上，前后轮才能同时抱死。

2．制动力的调节和车轮防抱死

（1）制动力的调节

为了防止制动时后轮抱死而发生危险的侧滑，汽车制动系的前、后轮制动器制动力的实际分配线应当总在图3—1—2所示的理想前、后轮制动器制动力分配曲线（I曲线）下方。为了减少前轮失去转向能力的倾向和提高制动系效率，实际分配线越接近I曲线越好。如果能按需要改变实际分配线使之达到上述目的，将比前、后轮制动器制动力具有固定比值的汽车有更大的优越性。为此，在现代汽车制动系中装有各种压力调节装置。

(2) 车轮防抱死

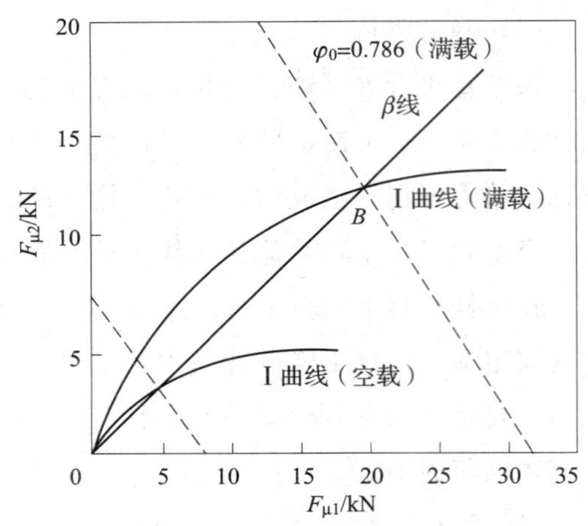

图 3—1—2　制动力分配曲线

采用按理想制动器制动力分配曲线来改变实际分配线的制动系能提高汽车制动时的方向稳定性，且制动系效率也较高。但各种调节装置的归线常在曲线的下方，因此不管在什么路面上制动时，前轮仍将抱死而可能使汽车失去转向能力。当滑动率 $s=10\%\sim20\%$时，附着系数最大；而车轮完全抱死时滑动率 $s=100\%$，附着系数反而下降。一般汽车的制动系（包括装有调节阀能改变实际分配线的制动系）都无法利用峰值附着系数，在紧急制动时，常常是利用较小的滑动附着系数使车轮抱死。

为了充分发挥轮胎与地面间的潜在附着能力，全面满足对汽车制动性的要求，现代汽车上已采用了多种形式的制动防抱死装置。有了防抱死装置，在紧急制动时能防止车轮完全抱死，而使车轮处于滑动率为 10％～20％的状态。此时，纵向附着系数最大，侧向附着系数也很大，从而使汽车在制动时不仅有较强的抗后轴侧滑能力，保证汽车的行驶方向稳定性，而且有良好的转向操纵性。由于利用了峰值附着系数，也能充分发挥制动效能，提高制动减速度和缩短制动距离。

3．汽车载质量的影响

对于载质量较大的汽车，因前后轮的制动器设计一般不能保证在任何道路条件下都使其制动力同时达到附着极限，所以汽车的制动距离就会由于载质量的不同而发生差异。实践证明，对于载质量为 3 t 以上的汽车，载质量每增加约 1 t，其制动距离平均要增加约 1.0 m。即使是同一辆汽车，在装载质量和方式不同时，由于重心位置变动，也会影响汽车的制动距离。

4．车轮制动器的影响

车轮制动器的摩擦副、制动鼓的构造和材料，对于制动器的摩擦力矩和制动效能的热衰退都有很大的影响。在设计制造时应选用较好的结构形式及材料，在使用维修中也应注意摩擦片的选用。

制动器的结构形式不同，其制动效率也不相同。制动器效能因数大，则在制动鼓半径和制动器张力相同的条件下，制动器所能产生的制动力矩也大。但当制动器摩擦副的摩擦系数下降时，其制动力矩将显著下降，制动性能的稳定性较差。

制动器的技术状况不仅和设计制造有关，而且和使用维修情况也密切相关。制动摩擦片与制动鼓的接触面积不足或接触不均匀，将降低制动摩擦力矩。而且局部接触的面积和部位不同，也将引起制动性能的差异。

制动摩擦片的表面不清洁，如沾有油、水或污泥，则摩擦系数将减小，制动力矩随之降低，如汽车涉水后水渗入制动器，其摩擦系数将急剧下降 20％～30％。

5．制动初速度的影响

制动初速度高时，需要通过制动消耗的运动能量也大，故制动距离会延长。制动初速度越高，通过制动器转化产生的热量也越多，制动器的温度也越高。制动蹄片的摩擦性能会随温度的升高而降低，导致制动力衰减，制动距离增加。

6．利用发动机制动

发动机的内摩擦力矩和泵气损耗可用来作为制动时的阻力矩，而且发动机的散热能力要比制动器强得多。一台发动机，在单位时间内大约有相当于其功率 1/3 的热量必须散发到冷却介质中去。因此，可以把发动机当作辅助制动器。

发动机常用作减速制动和下坡时保持车速不变的惯性制动，一般用上坡的挡位来下坡。

必须注意的是，在紧急制动时，发动机不仅无助于制动，反而需要消耗一部分制动力去克服发动机旋转质量的惯性力。因此，这时应脱开发动机与传动系的连接。

发动机的制动效果对汽车制动性的影响很大。它不仅能在较长的时间内发挥制动作用，减轻车轮制动器的负担，而且由于传动系中差速器的作用，可将制动力矩平均地分配在左右车轮上，以减少侧滑甩尾的可能性。在光滑的路面上，这种作用显得更为重要。此外，由于发动机的制动作用，在行车中可显著地减少车轮制动器的使用次数，对改善驾驶条件颇为有利。同时，又能经常保持车轮制动器处于低温而能发挥最大制动效果的状态，以备紧急制动时使用。

有些适合山区使用的柴油车，为了加强发动机的制动效果，在排气歧管的末端安装有排气制动器。排气制动器中设有阀门，制动时将阀门关闭，以增大排气歧管中的反压力，从而产生制动作用，这种方法称为排气制动，这时发动机作为“耗功机”（压缩机）。特别是在下长坡时，用发动机进行辅助制动，更能发挥其特殊的优越性。应用这种方法，一般可使发动机制动时所吸收的功率达到发动机有效功率的 50％以上。

7．道路条件的影响

道路的附着系数限制了最大制动力，因此它对汽车的制动性有很大的影响。当制动的初速度相同时，随着附着系数的减小，制动距离随之增加。

由于冰雪路面上的附着系数特别小，所以制动距离增加。特别要注意冰雪坡道上的制动距离，并应利用发动机制动。有数据表明，在冰雪路面上，利用发动机制动的辅助作用可使制动距离缩短20％～30％。

在冰雪路面上制动时方向稳定性变坏，当车轮被制动到抱死时侧滑的危险程度将更大。因此，汽车在冰雪路面上行驶时应加装防滑链。

8．驾驶技术的影响

驾驶技术对汽车制动性有很大影响。制动时，如能保持车轮接近抱死而未抱死的状态，便可获得最佳的制动效果。经验证明，在制动时，如迅速交替地踩下和放松制动踏板，即可提高其制动效果。因为，此时车轮边滚边滑，轮胎着地部分不断变换，故可避免由于轮胎局部剧烈发热、胎面温度上升而降低制动效果。在紧急制动时，驾驶员如能急速踩下制动踏板，则制动系的协调时间将缩短，从而缩短制动距离。在光滑路面上不可猛踩制动踏板，以免因制动力过大而超过附着极限，导致汽车侧滑。

三、汽车制动性检测设备

汽车制动性的检测通常可以在道路上进行，即道路检测法；也可以在试验台上进行，即台架试验法。道路检测法虽有直观、简便的优点，但也存在许多问题，如要受交通条件和气候条件等影响。因此，室内台架试验法在国内外得到了广泛的应用。室内台架试验通常在制动试验台上进行，制动试验台以其滚筒或平板作为移动的路面来近似地模拟汽车行驶时的实际制动过程。这里主要介绍用制动试验台检测制动性能的方法。

制动试验台按不同的分类方法，可以分为不同的类型。常见的分类方法有：按试验台测试原理不同，可分为反力式和惯性式两种；按试验台支承车轮形式不同，可分为滚筒式和平板式两种；按试验台测量装置至指示装置传递信号方式不同，可分为机械式、液压式和电气式等。常用的有反力式制动试验台和平板式制动试验台。

1．反力式制动试验台

（1）反力式制动试验台的测量原理

如图3—1—3所示为反力式制动试验台的测量原理示意图。进行测量时，将被检汽车的车轮置于两个滚筒上，用电动机通过减速器驱动滚筒转动，然后通过滚筒带动车轮旋转。当车轮制动时，车轮给滚筒一个与旋转方向相反的力，该力通过电动机、杠杆传给测力秤，并由测力秤的指示表显示出来，从而测出车轮的制动力。

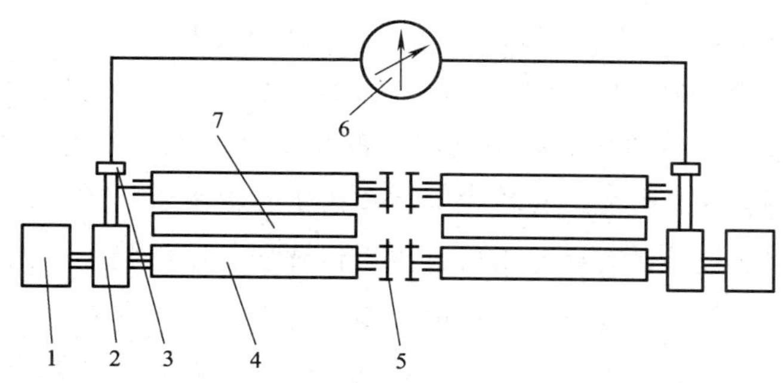

图 3—1—3　反力式制动试验台的测量原理示意图

1—电动机　2—减速器　3—传感器　4—滚筒　5—链传动　6—测力表　7—举升器

（2）反力式制动试验台的结构

反力式制动试验台主要由制动力承受装置、驱动装置、制动力检测装置和制动力指示与控制装置组成。

制动力承受装置主要由两副滚筒组成，每副滚筒有一个主动滚筒和一个从动滚筒（有些还有第三滚筒，起到举升器的作用）。在两个滚筒之间装有举升器，主要起举升作用，使汽车顺利驶上和驶下滚筒，并防止汽车进入或开出滚筒时发生冲击。在制动时，车轮制动力的反作用力作用在滚筒上，通过对滚筒的受力进行测量来检测制动力。

驱动装置由电动机、减速器和传动链条等组成，其作用是驱动滚筒带动车轮旋转。

2．平板式制动试验台

（1）平板式制动试验台的工作原理

平板式制动试验台的工作原理如图 3—1—4 所示，利用汽车低速驶上平板后突然制动时的惯性力作用来检验制动效果。检验时，车辆以 5～10 km/h 的车速驶上测试平板并进行紧急制动。汽车因惯性作用有继续前进的趋势，于是平板将受到来自车轮的向前的作用力 F。在车轮未抱死时，F 就是所要测的制动力；当车轮抱死之后，F 就是所能测到的最大制动力。拉力传感器可以感受到此拉力信号，同时承重传感器能够感受制动过程中各轮的动态载荷。这些信号经放大处理之后，智能仪表就能够记录或显示各轴制动力、制动力的比例以及动态载荷的变化过程等。

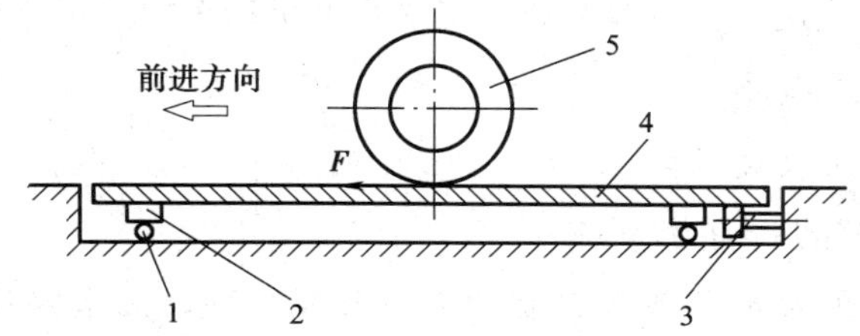

图 3—1—4　平板式制动试验台的工作原理

1—钢球　2—承重传感器　3—拉力传感器　4—平板　5—车轮

（2）平板式制动试验台的结构

平板式制动试验台的结构如图 3—1—5 所示。平板式制动试验台由测试平板、测试显示系统和踏板力计等组成，两条测试平板共 4 块且相互独立。测试平板由面板、底板、钢球和力传感器等组成。底板作为底座固定在混凝土地面上，面板通过压力传感器和钢球支撑在底板上，其纵向则通过拉力传感器与底板相连。压力传感器用于测量作用于面板上的垂直力；拉力传感器用于测量沿汽车行驶方向轮胎作用于面板上的水平力，水平力和垂直力的大小变化分别对应于拉力传感器和压力传感器所输出的电信号的变化。拉力传感器和压力传感器输出的电信号由计算机采集、处理后，换算成制动力和轮荷的大小，分别在显示装置上显示出来。如果装用无线式踏板压力计，平板式制动试验台不仅可测出最大制动力，还可提供制动力随时间变化的曲线、制动协调时间等信息，根据垂直力在制动过程中的波动情况，检测悬架减振器的性能。

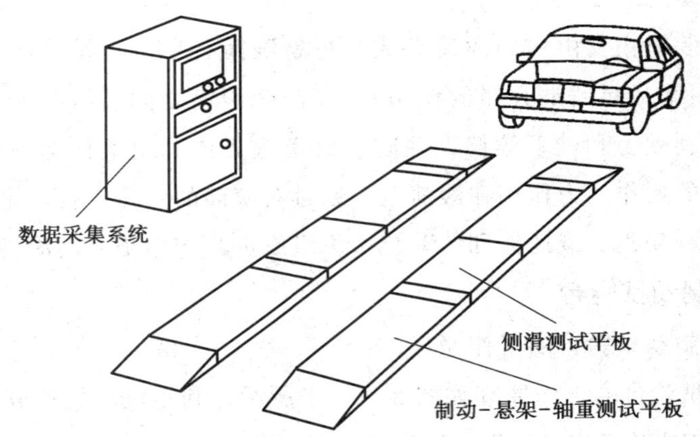

图 3—1—5　平板式制动试验台的结构

四、汽车制动性检测

国家标准《机动车运行安全技术条件》（GB 7258—2012）中要求机动车进行安全技术检验时，制动性能检测宜采用反力式制动试验台或平板式制动试验台，其中前轴驱动的乘用车更适合采用平板式制动试验台检验制动性能。对不宜采用台式校验制动性能的机动车及对台式制动性能检验结果有质疑的机动车应采用路试检验其制动性能。

1. 制动性能台式检测

（1）台式检测标准及要求

1）汽车应有足够的制动力

在某一初速度下制动时，各车轮制动力应分配合理，无跑偏及侧滑现象，制动距离在规定范围之内。在制动试验台上测出的制动力应符合表 3—1—1 的要求，制动检测过程中制动踏板力或制动气压应符合表 3—1—2 的要求。

表 3—1—1　　台式检验的制动力要求

机动车类型	制动力总和与整车质量的百分比		轴制动力与轴荷[①]的百分比	
	空载	满载	前轴	后轴
三轮汽车	≥45			≥60[②]
乘用车，总质量不大于 3 500 kg 的货车	≥60	≥50	≥60[②]	≥20[②]
其他汽车、汽车列车	≥60	≥50	≥60[②]	

注：①用平板式制动检验台检验乘用车时应按动态轴荷计算。

②空载和满载状态下测试均应满足此要求。

表 3—1—2　　制动性能检验时制动踏板力或制动气压要求

项目		空载	满载
气压制动系气压表指示气压/kPa		≤600	≤额定工作气压
液压制动系踏板力/N	座位数≤9 的载客汽车	≤400	≤500
	其他汽车	≤450	≤700

2）制动力平衡

在制动力增长全过程中同时测得的左右轮制动力差的最大值，与全过程中测得的该轴左右轮最大制动力大者之比，对于前轴不得大于 20%；对于后轴（及其他轴）在轴制动力不小于该轴轴荷的 60%时不得大于 24%；当后轴（及其他轴）在轴制动力小于该轴轴荷的 60%时，在制动力增长全过程中同时测得的左右轮制动力差的最大值不得大于该轴轴荷的 8%。

3）汽车制动协调时间

对于液压制动的汽车不应大于 0.35 s，对于气压制动的汽车不应大于 0.6 s，汽车列车制动协调时间不应大于 0.8 s。

4）车轮阻滞力

汽车各车轮的阻滞力不得大于该轴轴荷的 5%。

5）制动释放时间

汽车制动从松开制动踏板到制动消除所需要的时间，不应大于 0.8 s。

6）制动系统应操作轻便

施加于制动踏板上的力不应过大，且在踏板全行程的 4/5 以内达到最大制动效能。

7）驻车制动装置应满足驻车制动要求

驻车制动杆的拉动力不能过大，且应有一定的储备行程。

（2）反力式制动试验台的使用方法

1）在使用前，要对被检汽车做好如下准备：

①检查轮胎气压是否符合汽车制造厂的规定，若不符合规定，应将气压充到规定值。

②检查轮胎是否沾有水、油等或轮胎花纹沟槽内是否嵌有小石子，若有一定要清除干净。

③检查汽车各轴轴荷是否超过试验台允许范围。

2）准备工作完成后按下列步骤检测

滚筒式制动试验台如图 3—1—6 所示。

图 3—1—6　滚筒式制动试验台

①接通试验台电源并预热。

②升起举升器的托板或第三滚筒。

③将汽车垂直于滚筒方向驶入试验台，让前车轮或后车轮停放在举升器托板上。

④降下举升器托板，直到车轮与托板完全脱离而支撑在滚筒上为止。将变速器的变速杆挂入空挡位置。

⑤启动电动机，使滚筒带动车轮转动。

⑥将制动踏板踩到底，读取仪表上指示的最大制动力数值。

⑦根据驻车制动轮的位置，在该轮的制动力检测完毕后，拉紧手刹，仪表指示的最大制动力值即为手制动力值。

⑧全部检测结束后，切断电动机电源，升起举升器的托板（或第三滚筒），把汽车开出试验台滚筒。

⑨切断试验台电源。

3）测量中应注意以下几点：

①超过试验台允许轴重或轮重的汽车，一律不准驶上试验台进行检测。

②检测时，发动机应处于熄火状态，变速器应挂入空挡位置，对采用气压系统进行制动的汽车，其储气筒气压应大于或等于 590 kPa。

③在车轮驶上滚筒后，应让车轮随滚筒自由转动几圈以保证车轮与滚筒的良好接触。

（3）平板式制动试验台（见图 3—1—7）的使用方法

1）打开计算机和传感器电源。通电后，计算机将自动进行系统测试和传感器测试，屏幕上将出现首页页面。

2）输入被测车辆信息，然后回车确认，屏幕将进入测试页面。

3）检查并确认测试平板上无任何杂物。

4）将车辆以 5～10 km/h 的速度驶上制动平板。当前轮驶上平板后，踩下离合器，在 4 个车轮分别驶上各自平板后，设备指示灯亮起，提示进行制动。此时急踩制动踏板，显示屏将显示前后制动力数据，如图 3—1—8 所示。其中左边显示的是制动力的相关数据，右边显示的是各车轮动态载荷数据，中间是侧滑数据，下面显示制动速度、制动减速度以及前后轴制动力之比。

图 3—1—7　平板式制动试验台

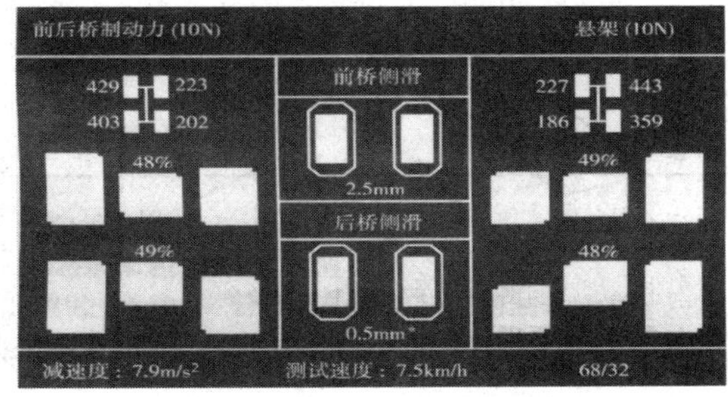

图 3—1—8　平板式制动试验台测试数据界面

5）在指示灯灭后，再起步并拉紧驻车制动，界面将显示驻车制动力以及侧滑和悬架等项目的数据。

汽车在平板式制动试验台上的制动试验过程与汽车在道路上行驶时的制动过程较为接近。但平板式制动试验台存在测试重复性差且重复试验较麻烦、占地面积大、需要助跑车道、不利于流水作业和不安全等缺点，因此，其应用不如反力式制动试验台广泛。

2．制动性能路试检测

（1）制动性能的检测标准及要求

1）制动性能路试检测项目

制动性能路试检验的主要检测项目有：制动距离、充分发出的平均减速度、制动稳定性和制动协调时间等。

2）制动性能路试检测项目的技术要求

①制动距离检测标准

汽车在规定的初速度下急踩制动踏板时，其制动距离应符合表 3—1—3 的要求。对空载检验制动距离有质疑时，可用表 3—1—3 中规定的满载检验制动性能的要求进行检验。制动检测过程中制动踏板力或制动气压应符合表 3—1—2 的要求。

在规定初速度下急踩制动踏板时，车辆任何部位宽度不得超过表 3—1—3 中所规定的试车道宽度。

表 3—1—3　　制动距离和制动稳定性要求

车辆类型	制动初速度/(km/h)	满载检验制动距离要求/m	空载检验制动距离要求/m	制动稳定性要求，车辆任何部位宽度不得超出试车道宽度/m
座位数≤9 的载客汽车	50	≤20	≤19	2.5
其他总质量≤4.5 t 的汽车	50	≤22	≤21	2.5*
其他汽车、汽车列车及无轨电车	30	≤10	≤9	3.0

注：* 对质量大于 3.5 t 并小于或等于 4.5 t 的汽车，试车道宽度为 3.0 m。

②制动减速度检测标准

汽车在规定的初速度下急踩制动踏板时充分发出的平均减速度（*FMDD*）应符合表 3—1—4 的要求。制动检测过程中制动踏板力或制动气压应符合表 3—1—2 的要求。对空载检验制动距离有质疑时，可用表 3—1—3 中规定的满载检验制动性能的要求进行检验。

表 3—1—4　　应急制动性能要求

车辆类型	制动初速度/(km/h)	制动距离/m	充分发出的平均减速度/(m/s^2)	手操纵力/N	脚操纵力/N
座位数≤9 的载客汽车	50	≤38	≥2.9	≤400	≤500
其他载客汽车	30	≤18	≥2.5	≤600	≤700
其他车辆	30	≤20	≥2.2	≤600	≤700

汽车制动协调时间：对于液压制动的汽车不应大于 0.35 s，对于气压制动的汽车不应大于 0.6 s，汽车列车制动协调时间不应大于 0.8 s。

制动稳定性：检测时，车辆任何部位宽度不得超出的试车道宽度，应符合表 3—1—5 的要求。

表 3—1—5 制动减速度和制动稳定性要求

车辆类型	制动初速度/(km/h)	满载检验充分发出的平均减速度/(m/s²)	空载检验充分发出的平均减速度/(m/s²)	制动稳定性要求，车辆任何部位宽度不得超出试车道宽度/m
座位数≤9 的载客汽车	50	≥5.9	≥6.2	2.5
其他总质量≤4.5 t 的汽车	50	≥5.4	≥5.8	2.5*
其他汽车、汽车列车及无轨电车	30	≥5.0	≥5.4	3.0

注：* 对质量大于 3.5 t 并小于或等于 4.5 t 的汽车，试车道宽度为 3.0 m。

③驻车制动路试检测标准

在空载状态下，驻车制动装置应能保证车辆在坡度为 20%（总质量为装备质量的 1.2 倍以下的车辆为 15%）、轮胎与路面附着系数不小于 0.7 的坡道上正、反两个方向保持固定不动的时间应不少于 5 min。检测时，其操纵力应符合表 3—1—6 的要求。

表 3—1—6 驻车制动性能检验时的操纵力要求

车辆类型	手操纵力/N	脚操纵力/N
座位数≤9 的载客汽车	≤400	≤500
其他车辆	≤600	≤700

（2）制动性能路试检验方法

测试路面应为平坦（坡度不超过 1%）、干燥和清洁的水泥或沥青路面。轮胎与路面之间的附着系数不小于 0.7，风速不大于 5 m/s。在试验路面上应画出标准中规定的制动稳定性要求相应宽度试车道的边线。被测车辆沿着试验车道的中线行驶至高于规定的初速度后，置变速器于空挡。当滑行到规定的初速度时急踩制动踏板，使车辆停止。

用速度计、第五轮仪或用其他测试方法测量车辆制动距离。

用速度计、制动减速度仪或用其他测试方法测量车辆重复发出的平均减速度（*FMDD*）与制动协调时间。充分发出的平均减速度（*FMDD*）应在测得公式中相关参数后再计算确定。

根据国家标准《机动车运行安全技术条件》（GB 7258—2012）的规定，机动车可以用制动距离、充分发出的平均减速度和制动力来检测其制动性能，只要其中之一符合要求，即判定为合格。

思考与练习

1. 汽车制动性指标有哪些？
2. 影响汽车制动性的因素有哪些？
3. 检测汽车制动性的设备有哪些？

课题二　汽车操纵稳定性指标及检测

学习目标

- ◆ 掌握汽车操纵稳定性指标及其其主要影响因素。
- ◆ 了解力角仪、侧滑检测台、悬架装置检测台、四轮定位仪、车轮动平衡机的种类、结构及基本原理。
- ◆ 熟悉汽车转向参数、侧滑、悬架装置性能、车轮定位参数、车轮动平衡的检测项目和检测方法。

想一想

大家购车时，都想买到一辆操纵稳定性比较好的汽车，因为操纵稳定性直接影响了汽车的行驶安全，那么如何评价一辆车的操纵稳定性呢？

一辆操纵稳定性好的汽车应该具备以下几个特点：敏捷而又准确的转向盘、扎实而具备韧性的悬挂系统、扭矩随叫随到的发动机、流线型的外形设计等。增大高速行驶时的地面附着力，降低整车重心，从而使车辆达到速度与稳定性的完美结合。流线型设计的另一个优点是风阻小，尤其是抗侧风能力表现卓越，因此，在高速驾驶时使汽车稳定、平顺、易于驾驭，让人可以充分享受驾驶的愉悦感。

汽车操纵稳定性的测量因素包括转向参数检测、侧滑检测、悬架装置性能检测、车辆定位参数检测、轮胎动平衡检测等，检测过程中要用到哪些仪器和设备？怎样测量呢？

一、汽车操纵稳定性指标

汽车操纵稳定性是指在驾驶员不感觉过分紧张、疲劳的条件下，汽车能按照驾驶员通过转向系及转向车轮给定的方向（直线或转弯）行驶；且当受到外界干扰（路不平、侧风、货物或乘客偏载）时，汽车能抵抗干扰而保持稳定行驶的性能。

汽车的操纵稳定性是一种综合表现，主要指汽车在行驶过程中所表现出来的稳定性、灵活性、准确性和可控性。影响汽车操纵稳定性的因素很多，主要有底盘、转向系、悬挂系统、发动机、变速箱、制动系等，另外主动安全系统以及高科技配置等也对汽车操控稳定性有一定影响。

1．转向参数

转向系的主要性能参数有转向系的效率、转向系的角传动比与力传动比、转向器传动副的传动间隙特性、转向系的刚度以及转向盘的总回转圈数等。

（1）转向系的效率

转向系的效率由转向器的效率和转向操纵及传动机构的效率决定。

转向器的效率又有正效率和逆效率之分。转向摇臂轴输出的功率与转向轴输入功率之比，称为转向器的正效率；转向轴输出的功率与转向摇臂轴输入的功率之比，称为转向器的逆效率。

正效率越大，转动转向轮时转向器的摩擦损失就越小，转向操纵就越容易。所以，正效率越大，汽车就越能按照驾驶员的意志行驶，即操纵稳定性越好。

逆效率表示转向器的可逆性，逆效率较高，这种转向器可将路面作用在转向轮上的大部分力传递到转向盘上，使司机的路感好。在汽车转向后也能保证转向轮与转向盘的自动回正，使转向轮行驶稳定。但在坏路面上，当转向轮上作用有侧向力时，转向轮承受的冲击大部分会传给转向盘，容易产生“打手”现象，同时转向轮容易产生摆振。因此，逆效率越小，汽车就越能按照驾驶员的意志行驶，即操纵稳定性越好。

（2）转向系的角传动比和力传动比

转向盘转角的增量与同侧转向节转角的相应增量之比，称为转向系的角传动比。当转向系的角传动比越接近于1时，其操纵稳定性就越好。

转向传动机构的力传动比等于转向车轮的转向阻力矩与转向摇臂的力矩之比值。力传动比越大，转向操纵越轻松。

（3）转向器传动副的传动间隙特性

转向器的传动间隙是指转向器传动副之间的间隙，该间隙随转向盘转角的改变而改变，通常将这种变化关系称为转向器的传动间隙特性。

当转向盘处于中间位置即汽车作直线行驶时，如果转向器有传动间隙则将使转向轮在该间隙范围内偏离直线行驶位置而失去稳定性。为防止这种情况发生，要求当转向盘处于中间位置时转向器的传动副为无隙啮合。传动间隙从中间部位到两端逐渐增大，并在端部达到最大值，以利于对间隙的调整及提高转向器的使用寿命。

(4) 转向系的刚度

转向系的各零部件尤其是一些杆件均具有一定的弹性，这就使得转向轮的转角要小，这样就会有不足转向的趋势。转向系刚度不足会使前轮的侧偏刚度减小，并导致汽车不足转向倾向的加剧，使汽车的转向灵敏性变差。

(5) 转向盘的总回转圈数

转向盘从一个极端位置转到另一个极端位置时所转过的圈数称为转向盘的总回转圈数。它与转向轮的最大转角及转向系的角传动比有关，并影响转向的操纵轻便性和灵敏性。轿车转向盘的总回转圈数较少，一般在3.6圈以内；货车一般不宜超过6圈，为了增加转向的轻便性，一般取6圈。

2. 汽车侧滑

行驶的汽车因制动、转动惯性和其他原因，引发某一轴的车轮或两轴的车轮出现横向移动（即向侧面发生甩动）的现象，称为侧滑。汽车侧滑特别是后轮侧滑，对安全行车威胁较大，常造成碰撞、翻车、掉沟等恶性交通事故。据我国某省对驾驶员负主要责任的交通死亡事故的统计，因后轮侧滑而引发的事故占40%，其中，有50%是在驾驶员使用制动和转弯时发生的，对此，应引起高度重视。

3. 悬架装置性能

车辆悬架的性能主要通过以下三个指标进行评价：

(1) 乘坐舒适性

乘坐舒适性主要是指保持车辆在行驶过程中产生的振动和冲击环境对乘员舒适性的影响在一定界限之内。该性能主要根据乘员主观感觉的舒适性来评价，对于载荷汽车还包括保持货物完好的性能，它是评价现代高速汽车的主要性能指标之一。

(2) 悬架动行程

在运动空间一定的情况下，悬架动行程太大会增加行驶中撞击限位块的概率，即发生悬架被击穿的现象，使平顺性变坏。另外，由于悬架导向机构的作用，悬架运动会改变前轮定位参数，从而影响操纵稳定性。但是，悬架动行程过小就会向车身传递更多的冲击，破坏乘坐舒适性。因此，悬架动行程是评价悬架性能的一个重要指标。由于汽车总体设计的限制，悬架的动行程是有限的。

(3) 轮胎动载荷

由振动引起的轮胎和路面之间的载荷随时间变化，当动载荷为负而导致轮胎总载荷变小时，将降低轮胎的抓地能力，直接影响行驶安全性（操纵稳定性）。

4．汽车车轮定位

汽车的转向车轮、转向节和前轴三者之间的安装具有一定的相对位置，这种具有一定相对位置的安装称为转向车轮定位，也称前轮定位。前轮定位包括主销后倾（角）、主销内倾（角）、前轮外倾（角）和前轮前束四个参数。这是对两个转向前轮而言，对两个后轮来说也同样存在与后轴之间安装的相对位置，称为后轮定位。后轮定位包括车轮外倾（角）和逐个后轮前束。前轮定位和后轮定位合起来叫四轮定位。

5．车轮平衡

当车轮转动时，不对称的质量会导致跳动或晃动，可能会使乘员受到干扰，通常是纵向和横向的振动；也可能导致在一个方向上或整个车辆的摆动。轮胎的平衡包括静平衡和动平衡。

车轮处于静平衡时，其重心与旋转轴心在同一条直线上，停止转动时的位置是任意的。如果一个车轮每次停止转动时的位置都是相同的，则说明该车轮是静不平衡的。

动平衡是指轮胎转动时所产生的非对称的重量分布，通常在一个较高的速度时出现。动平衡的车轮肯定是静平衡的，所以，作为汽车操纵稳定性指标，动平衡比静平衡更全面。

二、影响汽车操纵稳定性的因素

1．影响转向参数的因素

汽车转向系统是用来改变和恢复汽车行驶方向，保持汽车直线行驶的机构，对转向轮的正常运转和汽车的安全行驶影响很大。汽车转向系一旦有问题，很容易造成事故。因此，汽车转向系的技术状况对保证汽车行驶安全、减轻驾驶劳动强度、提高运输效率、延长车辆使用寿命有着十分重要的作用。

在使用中，由于汽车转向系统工作条件恶劣，转速与负荷经常变化，长期受到弯曲、扭曲、剪切和道路不平引起的冲击载荷等各种因素的影响，其零部件必然会产生不同程度的弯曲、扭曲变形、锈蚀、裂纹、断裂损失，从而影响汽车的操纵轻便性、经济性和安全性。为使汽车正常行驶必须采取经常性的检修、维护措施，及时查明故障隐患并予以消除，防止不应有的损坏，使之保持完好的技术状况。

2．影响侧滑的因素

使汽车发生侧滑的主要因素有：

（1）路面湿滑、油污或结冰等，使各轮附着系数降低且左右不对称，车轮载荷与路面附着力也随之降低，稍有横向外力作用因素，就会引发车轮侧滑。

（2）制动时四轮受到的阻力不平衡，如左右轮制动力不等、各轮附着系数不等、装载重心偏向一侧等，引发“跑偏”，也极易导致车轮侧滑。

(3) 制动不当，如动作过猛、过量等，出现车轮“抱死拖滑”，而后轮一般又先于前轮“抱死”，也易引发车轮侧滑。

(4) 转向操作不当，如速度快、急打转向盘或快速转弯过程中使用制动不当、车辆重心过高（装载超高）等，使惯性离心力增大，也极易引发车轮侧滑。

3．影响悬架装置性能的因素

悬架技术状况变差会使汽车的冲击载荷变大，加剧零件的磨损，影响汽车的行驶平顺性和操纵稳定性。

造成悬架装置性能变差的因素主要有减振器失效、部件松动、润滑不良、橡胶衬套泄漏或疲劳损坏、减振器功能不良、部件安装松动、球铰磨损、驱动轴弯曲或龟裂、车轮轴承磨损、钢板弹簧折断尤其是主片折断、钢板弹簧弹力过小或刚度不一致、更换的钢板弹簧与原弹簧刚度不一致、钢板弹簧销或衬套及吊耳磨损过量、稳定杆变形、上下摆臂变形、各铰接点磨损或松旷等。

4．影响车轮定位的因素

影响四轮定位的主要因素有：

(1) 在不平路面上高速行驶。

(2) 前轮受外力冲击，如通过障碍物速度过快等。

(3) 经常在原地打死方向。

(4) 轮胎气压超出标准范围。

了解了影响车轮定位的因素后，在使用汽车的时候还要注意以下几点：

(1) 通过障碍物时，要尽量缓行、绕行。

(2) 前轮轮胎花纹必须保持一致，才能确保最佳行驶性能，防止附着力不足、噪声、侧滑、偏磨等现象出现。

(3) 更新或修理轮胎后，必须进行轮胎动平衡测试。

5．影响车轮平衡的因素

引起车轮不平衡的原因主要有：

(1) 轮毂、制动鼓（盘）加工时定位不准、加工误差大、非加工面铸造误差大、热处理变形、使用中变形或磨损不均等。

(2) 轮胎螺栓质量不等、轮辋质量分布不均或径向圆跳动、端面圆跳动太大。

(3) 轮胎质量分布不均、尺寸或形状误差太大、使用中变形或磨损不均、使用翻新胎或补胎等。

(4) 双胎的两充气嘴未相隔180°安装，单胎的充气嘴未与不平衡点标记（经过平衡试验的新轮胎，往往在胎侧标有红、黄、白、浅蓝色的□、△、○或◇符号，用来表示不平衡点的位置）相隔180°安装。

（5）轮毂、制动鼓（盘）、轮胎螺栓、轮辋、内胎、衬带、轮胎等拆卸后重新组装成车轮时，累计的不平衡质量或形位偏差太大，破坏了原来的平衡。

三、汽车操纵稳定性检测设备

在对汽车操纵稳定性的各项指标进行检测时，往往要借助一些测量仪器，如力角仪、侧滑试验台、悬架装置检测台、四轮定位仪、轮胎动平衡仪等。

1．力角仪

力角仪全称为机动车转向盘转向力—转向角检测仪，可用于快速测定各种机动车辆的转向盘转角、自由转角和转向盘切向操纵力。SAF—01型力角仪（见图3—2—1）采用了高灵敏度的电子陀螺和高精度的力传感器，以及能够满足快速采集、计算要求的微处理机技术，保证了仪器的高精度和低功耗。

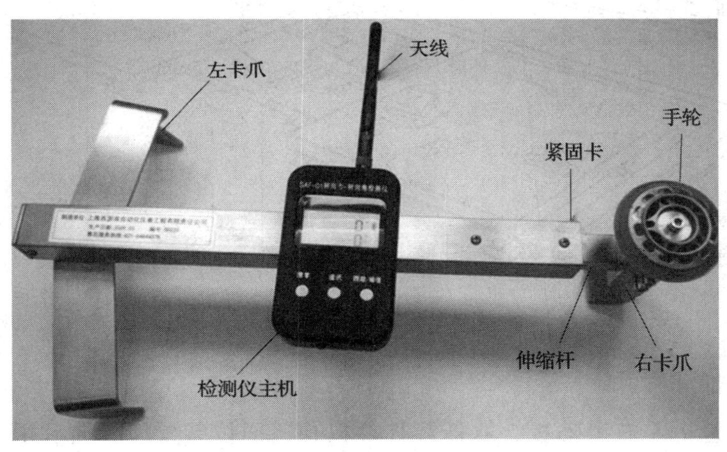

图3—2—1　SAF—01型力角仪

用力角仪检测时，检测结果能直接显示在仪表的液晶显示屏上，如果选配了无线通信模块还能通过无线传送方式将检测结果同步发送至联机计算机以满足设备联网的要求。

SAF—01型力角仪具有体积小、质量轻、安装方便（且安装好后没有任何外部连接线）、操作便捷、测量数据准确、重复性好等优点，是汽车制造厂、汽车修理厂进行汽车安全、综合性能检测的必备设备之一。

SAF—01型力角仪主要由四部分组成：转向盘锁紧机构、测力传感器、测角传感器和数据处理单元。通过转向盘锁紧机构将力角仪卡在转向盘上，用测力传感器测量施加在转向盘上的切向力，由于测力传感器位于方向盘的外缘，可直接测量转向盘的切向力，不必进行扭矩计算。角度的测量使用先进的MEMS工艺制造的电子陀螺传感器，可准确地测量转向盘的转角。测量结果可通过 RS232 串口方式传送到上位机；也可以扩展无线通信功能，通过无线通信技术将测量的结果发送至远端计算机。

2．侧滑试验台

侧滑试验台是当汽车在滑动板上驶过时，用测量滑动板左右移动量的方法来测量车轮侧滑量的大小与方向，并以此判断前轮定位是否合格的一种检测设备。侧滑试验台可以分为滑板式和滚筒式两种，目前国内在用的大多数侧滑试验台均为滑板式。滑板式侧滑试验台按其结构形式又可分为单滑板式和双滑板式两种。

双滑板式侧滑试验台都是双板联动的，其结构如图 3—2—2 所示，由机械部分、测量装置、指示装置等部分组成。

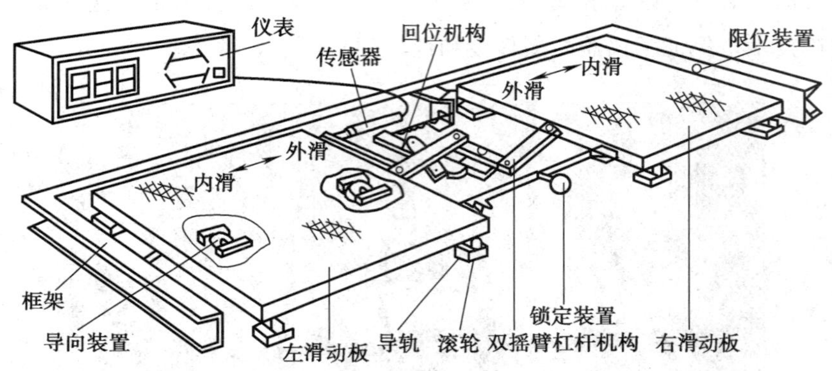

图 3—2—2 双板联动式侧滑试验台的结构

（1）机械部分

机械部分包括左右滑动板、双摇臂杠杆机构、回位装置、导向和限位装置等。由于侧滑试验台的规格不同，滑板的纵向长度规格有 500 mm、800 mm 和 1 000 mm 三种。滑板的长度越长，测量精度越高。左右两块滑动板通过滚轮、轨道和两板间的双摇臂杠杆机构进行左右等量的相对运动。

（2）测量装置

测量装置就是检测滑动板位移量的位移传感器，现在常用的有电位计式和差动变压器式两种。

1）电位计式测量装置

电位计式测量装置安装在如图 3—2—3 所示的位置上。将滑动板的移动量变为电位计触点的位移，从而引起电压量的变化，并传递给指示装置。电位计式测量装置的电路原理如图 3—2—4 所示，在电位计两端加上一定的电压，当电位计的滑动触点随滑动板移动时，触点的输出电压与位移量成正比，通过指示计可指示出对应于滑动板的位移量。

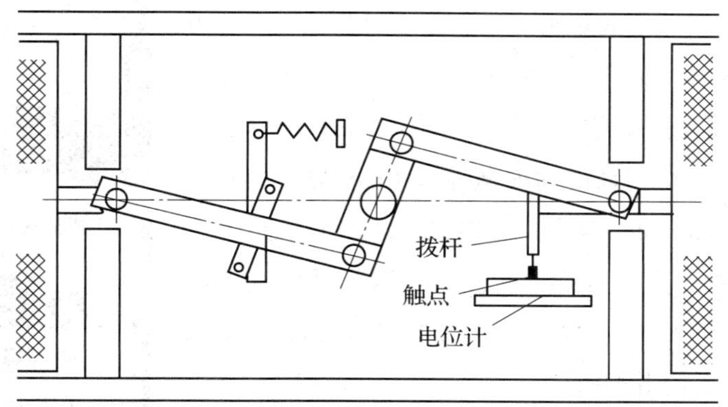

图 3—2—3　电位计式测量装置

2）差动变压器式测量装置

差动变压器式测量装置的实质是一个位移传感器，其结构及工作原理如图 3—2—5 所示。差动变压器是将被测信号的变化转换成线圈互感系数变化的传感器，它的结构如同一个变压器，由一次侧线圈、二次侧线圈、铁芯等几部分组成。在一次侧线圈接入电源 U_1 后，二次侧线圈即感应输出电压 U_2，滑动板移动引起铁芯的移动，从而引起线圈互感系数的变化，此时的输出电压随之作相应的变化。它的特点是结构简单、灵敏度高、测量范围大、使用寿命长。

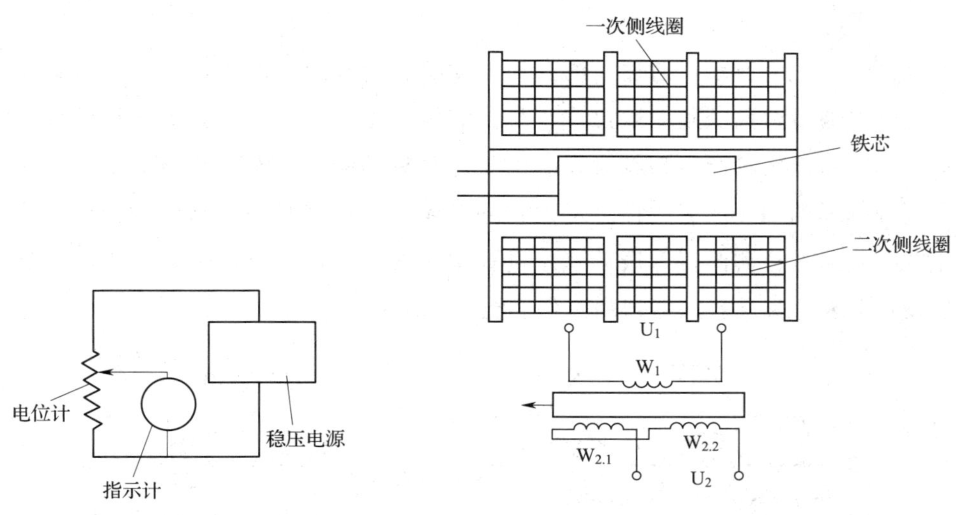

图 3—2—4　电位计式测量装置的电路原理

图 3—2—5　差动变压器式位移传感器

（3）指示装置

常用的指示装置有指针显示和数字显示两种，如图 3—2—6 所示。

指针式仪表把从测量装置传递来的滑动板侧滑量，按汽车每行驶 1 km 侧滑 1 m 定为一格刻度。因此，当滑动板长度为 1 000 mm 时，单边滑动板侧滑 1 mm 时，指示装置指示 1 格刻度，代表汽车每行驶 1 km 侧滑 1 m；同样，当滑动板长度为 800 mm 时，滑动板侧滑 0.8 mm 时，以及当滑动板长度为 500 mm 时，滑动板侧滑 0.5 mm 时，指示装置也都能指示 1 格刻度。这样，检测人员从指示装置上就可获得前轮侧滑量的具体数值，并根据指针偏向 IN 或 OUT 的方向确定出侧滑方向。

数字式仪表用数字显示侧滑量，用“+”“－”号表示侧滑方向。

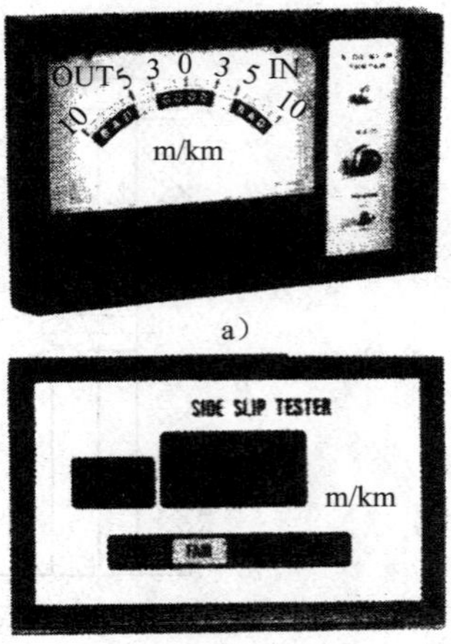

图 3—2—6　指示装置

a）指针显示　b）数字显示

3．悬架装置检测台

根据激振方式不同，悬架装置检测台可分为跌落式和共振式两种。其中，共振式悬架装置检测台根据检测参数的不同，又可分为测力式和测位移式两种。

（1）跌落式悬架装置检测台

用跌落式悬架装置检测台测试时，先通过举升装置将汽车升起一定高度，然后突然松开支撑机构，车辆落下产生自由振动。用测量装置测量车体振幅或者用压力传感器测量车轮对台面的冲击压力，对振幅或压力分析处理后，评价汽车悬架装置的工作性能。

（2）共振式悬架装置检测台

如图 3—2—7 所示，通过检测台的电动机、偏心轮、蓄能飞轮和弹簧组成的激振器，迫使试验台台面及其上被检汽车悬架装置产生振动。在开机数秒后断开电动机电源，从而由蓄能飞轮产生扫频激振。由于电动机的频率比车轮固有频率高，因此蓄能飞轮逐渐降速的扫频激振过程总可以扫到车轮固有振动频率，从而使台面与汽车系统产生共振。通过检测激振后振动衰减过程中力或位移的振动曲线，求出频率和衰减特性，便可判断悬架装置减振器的工作性能。

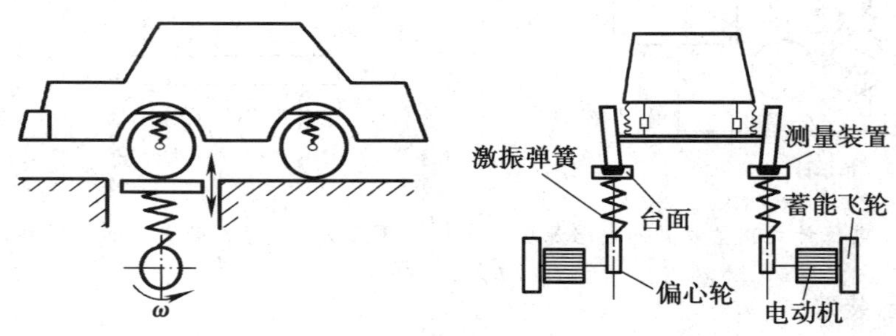

图 3—2—7　共振式悬架装置检测台

测力式悬架装置检测台和测位移式悬架装置检测台的，一个结构如图 3—2—8 所示是检测振动衰减过程中的力，另一个是检测振动衰减过程中的位移量。由于共振式悬架装置检测台性能稳定、数据可靠，因此应用较为广泛。

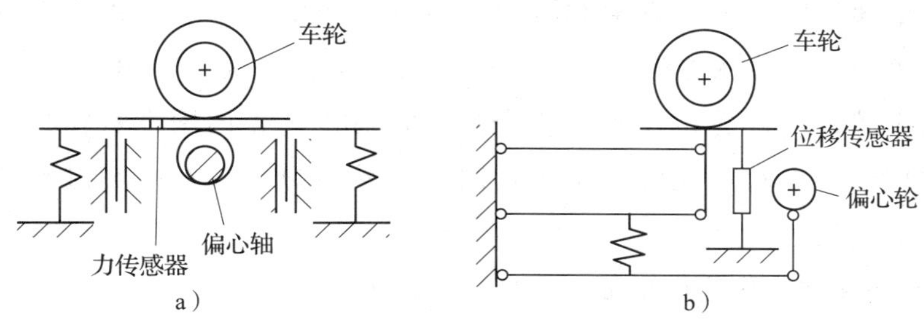

图 3—2—8　测力式和测位移式悬架装置检测台的结构

a）测力式　b）测位移式

4. 四轮定位仪

四轮定位仪如图 3—2—9 所示，是用于检测汽车车轮定位参数，并与原厂设计参数进行对比，指导使用者对车轮定位参数进行相应调整，使其符合原厂设计要求，以达到理想的汽车行驶性能，即操纵轻便、行驶稳定可靠、减少轮胎磨损的精密测量仪器。

图 3—2—9　四轮定位仪

（1）四轮定位仪的分类

四轮定位仪按通信方式可分为有线通信、红外无线通信、射频无线通信（433 mHz）、蓝牙无线通信、ZigBee 无线通信等。

四轮定位仪按测量方式可分为拉线式角位移传感器＋重力锤式倾角仪、拉线式角位移传感器＋电子式倾角传感器、激光与光电接收板＋电子式倾角传感器、红外与 PSD＋电子式倾角传感器、红外与 CCD＋电子式倾角传感器、红外与 CMOS 图像传感器、3D 技术（采用面阵 CCD）。

（2）四轮定位仪的组成

目前，市场上的主要产品多是以 CCD 为核心技术的产品。CCD 汽车四轮定位仪数据采集部分为四个测量探头，测量探头中的传感器（CCD）分别感应与其相对的测量探头上的红外发射管的光线坐标，经无线发射器传输到机柜中的无线接收器，再经工控机中的 COM 口传输到计算机主机，进行运算与处理。由于 CCD 传感器反映了其自身与相对应的测量探头上的红外发射管的相互关系，而测量探头通过 4 个轮夹与汽车轮辋相连，所以通过 8 个 CCD 传感器可以测量出 4 个轮辋的相互关系，从而确定车轮的定位参数；8 个 CCD 传感器形成一个封闭的四边形，可实现车辆的四轮定位测量。在实际应用中，4 个测量探头上的 8 个 CCD 传感器的镜头前面都装有滤光片，以消除可见光对红外发射二极管亮点图像的干扰。数据处理部分为四轮定位仪主机，主要包括一套计算机系统、电源系统及接口系统。其作用是实现用户对四轮定位仪的指令操作，对传感器的图像数据进行采集、处理，并与原厂设计参数一起显示出来，同时指导用户对汽车车轮进行调整，最后打印出相应的报表。

四轮定位仪主要由定位仪主机及必要附件组成。

定位仪主机由机箱（大机箱带后视镜）、计算机主机（含显示器、打印机）、四个机头（定位传感器）、通信系统、充电系统、总供电系统六部分组成。必要附件由转向盘固定器、制动固定器、转角盘及夹具四部分组成。

要很好地完成定位调车工作，用户还应自行配备必要的工具，如各种型号的呆扳手、梅花扳手、套筒、接杆、快速扳手、扭力杆、钳子、旋具、气动扳手、拉杆球头拆装器、外倾角校正器，以及各种型号的调整垫片和调整螺栓等。

5．车轮动平衡机

车轮平衡机分为离车式车轮动平衡机和就车式车轮动平衡机两种。

（1）离车式车轮动平衡机

离车式车轮动平衡机如图 3—2—10 所示。

该动平衡机一般由驱动装置、转轴与支承装置、显示与控制装置、制动装置、机箱和车轮防护罩等组成。

车轮防护罩可防止车轮旋转时其上的平衡块或花纹内夹杂物飞出伤人，制动装置可使车轮停转，驱动装置一般由电动机、传动机构等组成，可驱动转轴旋转。

转轴由两个滚动轴承支承，每个轴承均有一个能将动反力变为电信号的传感器。转轴的外端通过锥体和大螺距螺母等固装于被测车轮。驱动装置、转轴与支承装置等均装在机箱内。

图 3—2—10　离车式车轮动平衡机

近年来生产的车轮动平衡机的显示与控制装置多为微机式，具有自动诊断和自动系统，能将传感器的电信号通过微机运算、分析、判断后显示出不平衡量及相位。为了使显示的不平衡量恰是轮辋边缘所加平衡块的质量，还必须将测得的轮辋直径 d、轮辋宽度 b 和轮辋边缘至平衡机机箱的距离 a（轮辋外悬尺寸），通过键盘或选择器旋钮输入微机。

（2）就车式车轮动平衡机

就车式车轮动平衡机一般由驱动装置、测量装置、指示与控制装置、制动装置和小车等组成，如图 3—2—11 所示。

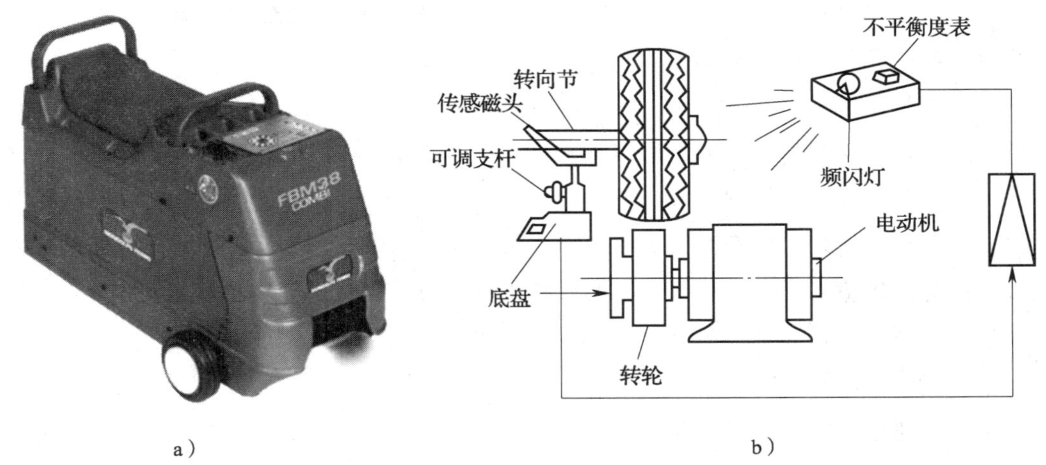

图 3—2—11　就车式车轮动平衡机

a）小车实物图　b）原理图

驱动装置由电动机、转轮等组成，能带动支离地面的车轮转动。

测量装置由传感磁头、可调支杆、底座和传感器等组成，它能将车轮不平衡量产生的振动变成电信号，传送至指示与控制装置。

指示与控制装置由频闪灯、不平衡度表或数字显示屏等组成。频闪灯用来指示车轮不平衡点位置，不平衡度表或数字显示屏用来指示车轮的不平衡量。不平衡量表一般有两个挡位，第一挡往往用于初查时的指示，第二挡往往用于装上平衡块后复查时的指示。

制动装置用于使车轮停转。

除测量装置外，车轮动平衡机的其余装置都装在小车上，可方便地移动。

四、汽车操纵稳定性的检测

汽车操纵稳定性的检测项目主要包括转向参数检测、侧滑检测、悬架装置性能检测、车轮定位参数检测和车轮动平衡检测等。

1．转向参数检测

采用 SAF—01 型力角仪检测转向参数。

（1）按键说明（见图 3—2—12）

1）“清零”键。该按键有以下两个功能：

①将仪表显示值清为零点。

②退出自由转向角或最大转向力测量状态。

2）“通讯”键。进入数据通讯功能或进入自由转向角测量状态。

3）“跟踪/峰值”键。进入最大转向力测量状态或调用存储数据传输功能。

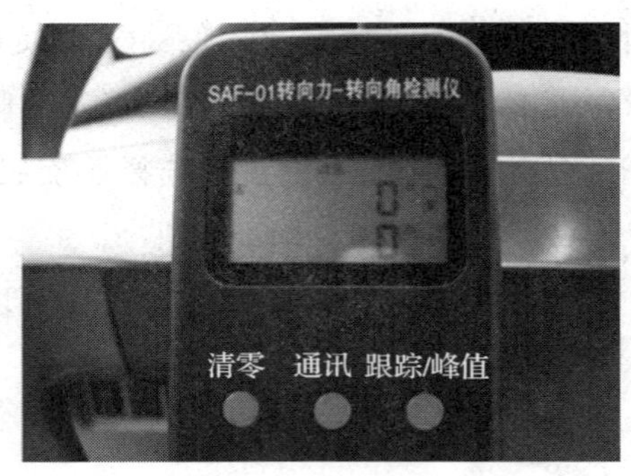

图 3—2—12　按键示意图

第一次按该键时，仪表将进入最大转向力测量状态（详细说明见“最大转向力测量”）；第二次按该键，仪表进入存储数据调用传输功能，当仪表上行显示“SD—A”时，按通讯键可将存储的角度测量值发送到计算机；第三次按该键，仪表上行显示“SD—F”，在该状态下按通讯键可将存储的左右最大转向力测量值发送到计算机；第四次按该键，仪表将退回到开机初始状态。

（2）自由转向角测量

1）正确安装力角仪

①左手抓住横梁，同时食指拨动紧固卡，右手握住右卡爪向外拉，使得拉杆伸长超过被测转向盘的直径，如图 3—2—13a 所示。

②将力角仪放置在转向盘的上方向内压缩拉杆，使其牢牢地夹住转向盘，如图 3—2—13b 所示。

③取下时，用食指拨动紧固卡，右手握住右卡爪向外拉，即可取下力角仪，如图 3—2—13c 所示。

a）

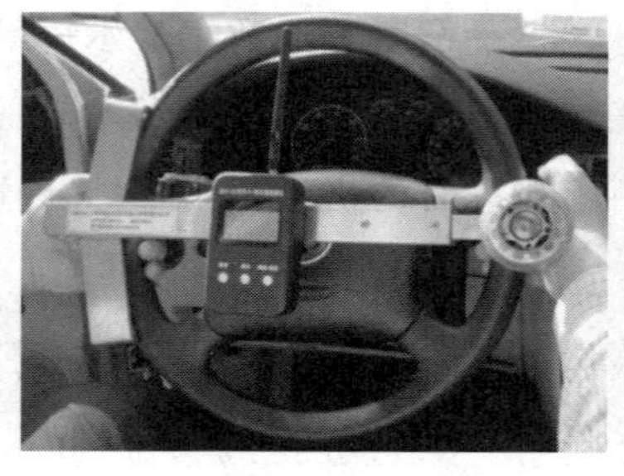

b）

c）

图 3—2—13　力角仪的正确安装

2）打开仪表电源

拨动仪表下方的电源开关，打开电源，仪表即处于自由转向角测量的工作状态，此时液晶屏上能显示两行数字，如图 3—2—14 所示。

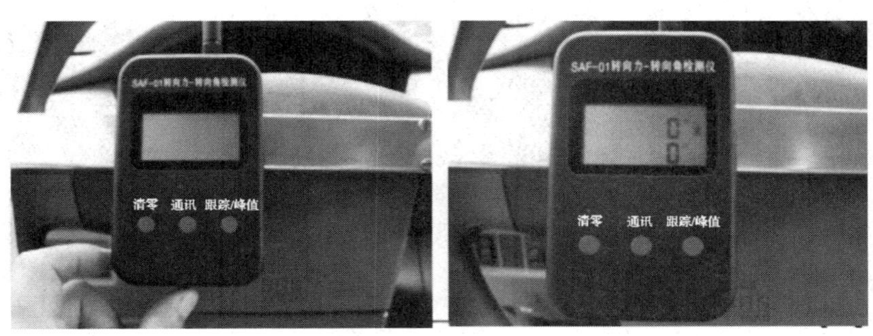

图 3—2—14　打开电源

上面一行为转向力显示值，单位为牛顿（N）；下面一行为转向角显示值，单位为度（°）；最右侧为电池电量显示。握住手轮轻轻转动，可观察到数据的变化，如图 3—2—15 所示。

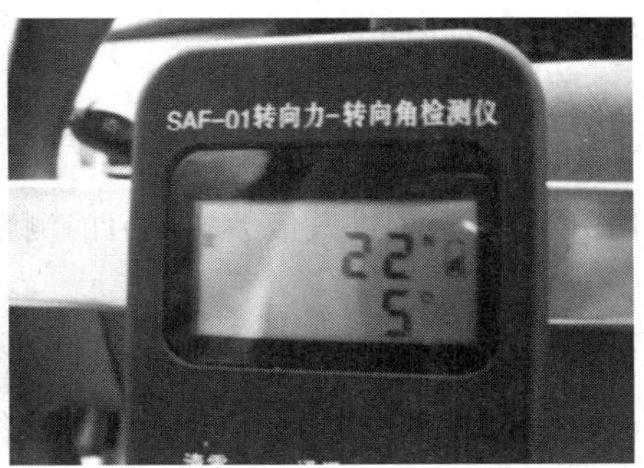

图 3—2—15　数据显示图

3）测量自由转向角

逆时针旋转力角仪，当力值显示为 5～40 N（不同的车型该值可能不同），并且达到左极限时（车轮不动），按下“通讯”键，此时，显示屏上的“锁定”字样将闪烁，同时将仪表角度值显示清零，然后顺时针旋转力角仪，当力值显示为 5～40 N，并且达到右极限时（车轮不动），再次按下“通讯”键，此时仪表锁定自由转向角，并且显示屏上的“锁定”字样将停止闪烁，数据显示如图 3—2—16 所示。在这个状态下，再次按下“通讯”键，数据将被传送至计算机，同时仪器将该数据存储。

与上位机通讯成功后，上位机会自动发出命令解除锁定状态，并将数据清零，此时仪表又处于自由转向角测量工作状态。在未与计算机联机时也可以按下“清零”键清除锁定状态。

4）注意事项

①握住手轮转动转向盘时，动作要轻，速度不能太快，否则很容易引起车轮的移动，导致测量误差。

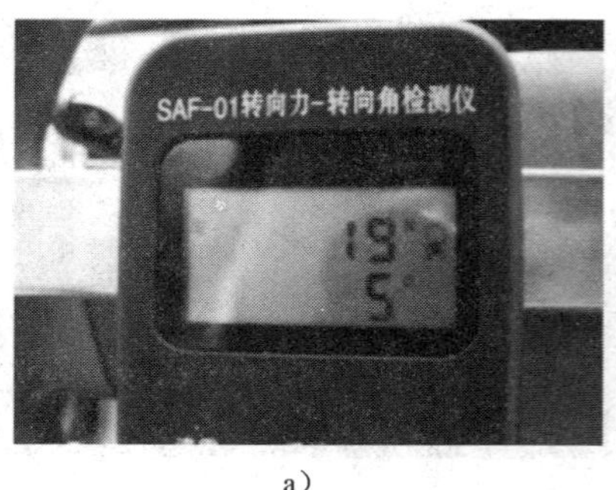

a)

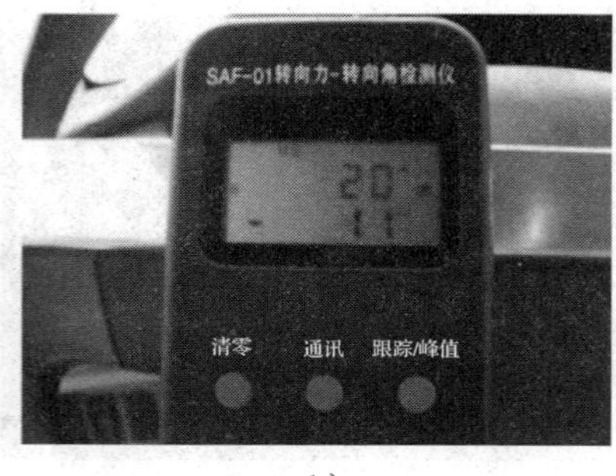

b)

图 3—2—16 数据显示图

a）左极限位置时的显示 b）锁定后的显示

②测试时也可以先转到右极限位置再转到左极限位置。

③如果第一次没有通讯成功，可继续按“通讯”键进行数据传输。

（3）最大转向力测量

1）正确安装力角仪

安装方法同前。

2）打开仪表电源，进入最大转向力的测量状态

拨动仪表下方的电源开关打开电源，仪表即处于自由转向角的测量状态，再按下“跟踪/峰值”键，液晶上方显示峰值，左侧轮流显示左、右两个汉字，表明仪表此时处于最大转向力的测量状态，此时液晶屏上同样能显示两行数字，如图 3—2—17 所示。

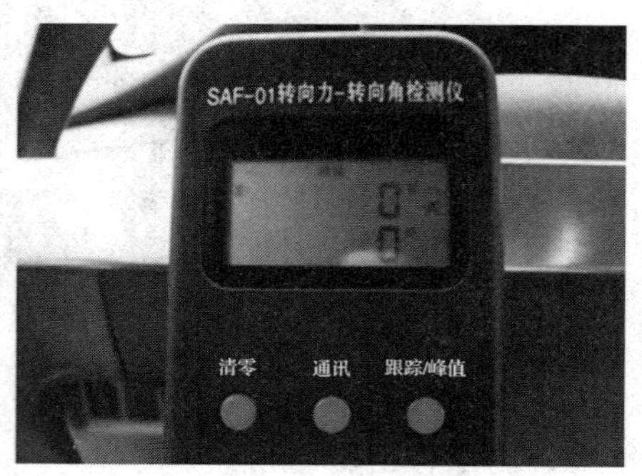

图 3—2—17 最大转向力的测量状态

同样上面一行为转向力显示值，单位为牛（N），下面一行为转向角显示值，单位为度（°）。握住手轮轻轻转动，可观察到数据的变化。释放手轮后会显示刚刚左右转动手轮时所用力的峰值，左、右转向盘最大转向力交替显示。

注意事项：最大转向力的测量状态和自由转向角的测量状态在仪表显示中的区别就是液晶上方的峰值是否显示，无峰值显示时为自由转向角测量状态，有峰值显示时为最大转向力测量状态。

3）测量最大转向力

让机动车在平坦、硬实、干燥、清洁的水泥或沥青道路上行驶，以 10 km/h 的速度在 5 s 内沿螺旋线从直线行驶过渡到直径为 24 m 的圆周行驶，如果是向左旋转，则自动记录下行驶过程中施加于转向盘外缘的左向最大切向力值；如果是向右旋转，则

自动记录下行驶过程中施加于转向盘外缘的右向最大切向力值。当力角仪上所受的力小于 5 N 时，自动轮流显示左、右向最大力值，如图 3—2—18 所示。

a）

b）

图 3—2—18　数据显示图

a）左向最大转向力值的显示　b）右向最大转向力值的显示

此时，按下“通讯”键，仪表将此次的测量数据发送至计算机，同时将该数据存储。

注意事项：为了保证测量准确，仅在测量时握住手轮。

（4）结束测量

1）关闭电源。

2）向左拨动紧固卡使其松开，左手抓住左侧卡爪，双手向外用力拉伸，即可轻松将力角仪从转向盘上取下。

（5）参数相关标准

《机动车运行安全技术条件》（GB 7258—2012）中对转向系统参数的规定如下：

1）机动车转向盘的最大自由转动量不允许大于：

①最高设计车速不小于 100 km/h 的机动车：20°。

②三轮汽车：45°。

③其他机动车：30°。

2）机动车在平坦、硬实、干燥、清洁的水泥或沥青道路上行驶，以 10 km/h 的速度在 5 s 之内沿螺旋线从直线行驶过渡到直径为 24 m 的圆周行驶，施加于转向盘外缘的最大切向力不应大于 245 N。

备注：

① “方向盘的最大自由转动量”是“转向轮对正前方时，在转向轮保持不动的情形下转向盘从极左到极右转过的角度”。

②施加于转向盘外缘的力为最大切向力时，机动车应为满载状态。对于装有转向助力装置的机动车，试验时施加于转向盘外缘的最大切向力还应符合相关标准的规定

（对于 M1、M2 类车辆不应大于 150 N，对于 M3 类车辆不应大于 200 N）；在转向助力装置失效时，最大转向切向力对于 M3、M2、N3 类车辆均不应大于 300 N，对于其他车辆不应大于 450 N。

2．侧滑检测

（1）名词解释

1）侧滑量

侧滑量是指汽车在没有外加转向力的条件下，以 3～5 km/h 的车速直线行驶通过检测台时，滑板的横向位移量与滑动板的纵向有效测量长度之比值。

2）侧滑量的单位

侧滑量通常以毫米每米（mm/m）或米每千米（m/km）表示。毫米每米（mm/m）的含义是汽车正直向前行进 1 m 而造成滑动板垂直于汽车前进方向位移 1 mm，即为一个基本侧滑单位 1 mm/1 m。

3）侧滑量的方向（＋和－）

侧滑板移动的方向是由车轮的侧滑方向来决定的，若前轮外倾角产生的侧滑占主导地位，则侧滑板向内移动，侧滑量为负（－）；反之，若前轮前束产生的侧滑占主导地位，则侧滑板向外移动，侧滑量为正（＋）。

（2）检测系统软件界面介绍

侧滑量可使用侧滑试验台进行检测，其操作软件界面如图 3—2—19 所示。

（3）侧滑量的检测

1）打开设备电源，通过“客户资料”设定检测车辆的车牌号，进入实时检测界面。

2）单击“前轮侧滑”，进入侧滑检测。

3）根据点阵屏提示，将被检车辆的车轮正对侧滑试验台，以 5 km/h 左右的速度驶过侧滑试验台，这时不能转动转向盘，待汽车前轮完全驶过滑板后，停止汽车行驶（注意：在数据采集过程中，勿将后轮驶过滑动板），此时滑动板将车前轮的横向位移量通过传感器传给仪表并显示出来。

4）后轮侧滑的操作步骤与前轮侧滑的操作步骤一样。

5）单击“显示、打印报表”，打印出检测报表。在默认情况下，只打印检测报表，如果还需要打印检测图片，则必须在系统设置中设置打印方式。

6）保存客户信息及检测结果。

7）单击“保存”，将客户信息和检测结果保存到计算机里，以便日后查看。

（4）侧滑试验台的保养和维护

1）不使用侧滑试验台时，一定要锁上滑动板，防止受到外界因素（人或汽车等）引起的经常晃动而损坏传感器。

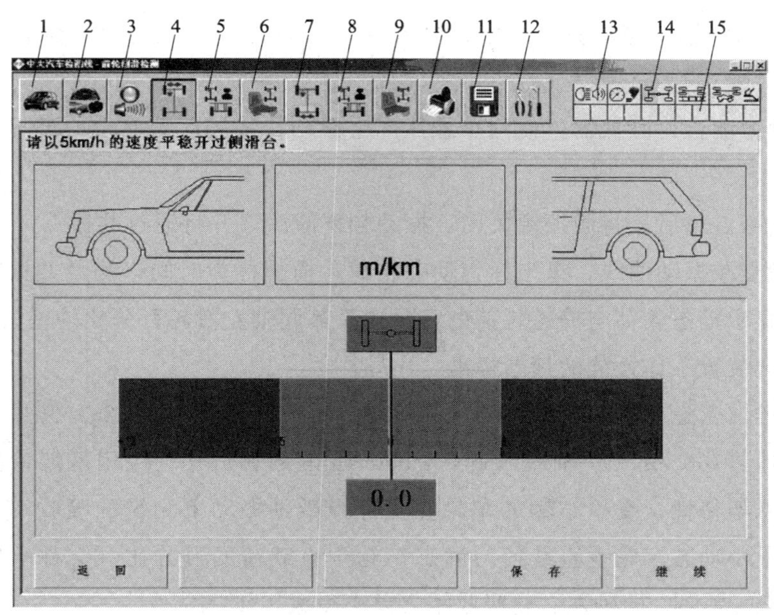

图 3—2—19　操作软件界面

1—客户资料　2—检测“车速、尾气”　3—检测“灯光、喇叭”　4—检测“前轮侧滑”
5—检测“前轴轴重、悬架”　6—检测“前轮制动”　7—检测“后轮侧滑”
8—检测“后轴轴重、悬架”　9—检测“后轮制动”　10—显示、打印报表
11—保存客户信息及检测结果　12—系统功能　13—各检测台状态
14—当前检测台　15—已测试检测台标志

2）侧滑试验台表面不要停放车辆或堆放杂物，应及时清除泥、水和垃圾，防止它们浸入侧滑试验台，造成台体和传感器损坏。

3）每使用 1 个月，应重点检查侧滑传感器，侧滑传感器的输出信号不要超过规定值。

4）使用 3 个月后，除做上述保养作业外，还需检查测量装置的杠杆机构和回位装置及联动装置等动作是否灵活。如动作不灵活或有迟滞，应及时进行清洁和润滑工作，必要时需修理或更换有关零件。

5）使用 6 个月后，除做上述保养作业外，还需要拆下滑动板，检查滑动板下的滚轮及导轨，检查各部位有无脏污、变形、松动、锈蚀、磨损等情况，并进行清洁、紧固和润滑工作。对磨损严重的零部件应酌情更换。

（5）侧滑量的国家标准

侧滑量应小于等于 5 m/km。

3．悬架装置性能检测

（1）用检测台检测悬架特性

1）汽车轮胎规格、气压应符合规定值，车辆空载应，不乘人。

2）将车辆每轴车轮都驶上悬架检测台，使轮胎位于台面的中央位置，驾驶员离车。

3）启动检测台，激振器迫使汽车悬挂产生振动，将振动频率增加至超过振荡的共振频率。

4）在共振点过后，将激振源关闭，振动频率减少，并将通过共振点。

5）记录衰减振动曲线，纵坐标为动态轮荷，横坐标为时间，测量共振时的动态轮荷。计算并显示动态轮荷与静态轮荷的百分比及其同轴左右轮百分比的差值。

（2）悬架装置工作性能的诊断标准

国家标准《营运车辆综合性能要求和检验方法》（GB 18565—2016）中规定：对于最大设计车速≥100 km/h、轴载质量≤1 500 kg的载客汽车，应用悬架检测台按规定的方法检测悬架特性，受检车辆的车轮在受外界激励振动下测得的吸收率，即被测汽车共振时的最小动态车轮垂直载荷与静态车轮垂直载荷的百分比（又称车轮接地性指数），应不小于40%，同轴左右轮吸收率之差不得大于15%。

车轮接地性指数可以表征悬架装置的工作性能，表明悬架装置在汽车行驶中确保车轮与路面相接触的最小能力。汽车行驶中，所有车轮的接地性指数是不一样的，这是因为各轮悬架装置工作性能不一、各轮承受载荷不一、各轮气压不一等原因造成的。如果在检测台上，人为使各轮承受的载荷和轮胎气压一致，那么，车轮接地性指数就主要取决于悬架装置的工作性能。因此，完全可以用车轮接地性指数评价悬架装置的工作性能。

在一些欧美国家，悬架装置检测台已被广泛应用在检测汽车悬架装置工作性能上。欧洲使用的悬架装置检测台主要的生产厂家有德国的HOFMANN公司和意大利的CEMB公司等。他们生产的悬架检测台在检测中，台板连同其上的被检汽车按正弦规律作垂直振动，激振振幅固定而频率变化。力传感器感应到车轮作用到台板上的垂直作用力，并将力信号存入存储器。当对全车所有车轮悬架装置检测完后，计算机对力信号进行分析和处理，便可获得车轮接地性指数。

欧洲减振器制造协会（EUSAMA）推荐的评价车轮接地性指数的参考标准见表3—2—1，可供我国检测悬架装置工作性能时参考。

表3—2—1　　车轮接地性指数参考标准

车轮接地性指数/（%）	车轮接地状态	车轮接地性指数/（%）	车轮接地状态
60～100	优	20～30	差
45～60	良	1～20	很差
30～45	一般	0	车轮与路面脱离

(3) 检测结果与分析

如图 3—2—20 所示为某悬架测试的衰减振动曲线。从图中可以看出，左前轮在受到外力激振后，悬架的振动幅度较小，测得共振时的吸收率为 80%以上，显示该悬架性能优良。右前轮车轮吸收率为 60%左右，显示该悬架性能良好。但左右两轮的吸收率之差大于 15%，应对右轮减振器及悬架系统进行调整，必要时要更换减振器等零件。两个后轮的接地性指数为 50%左右，显示两个后轮悬架系统性能为中等，但左右两轮吸收率在 5%以下，符合有关标准，需要对悬架进行调整。

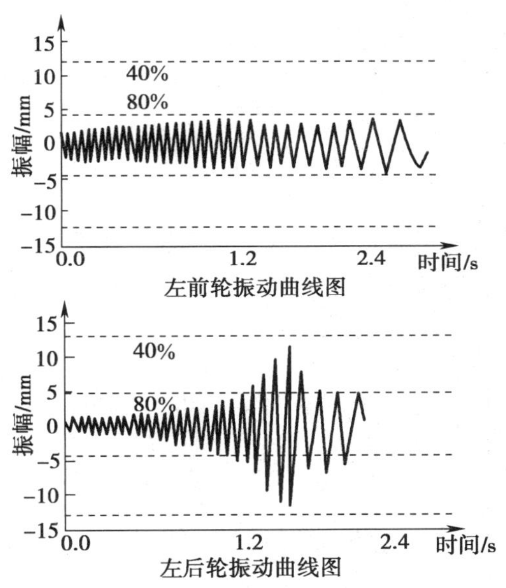

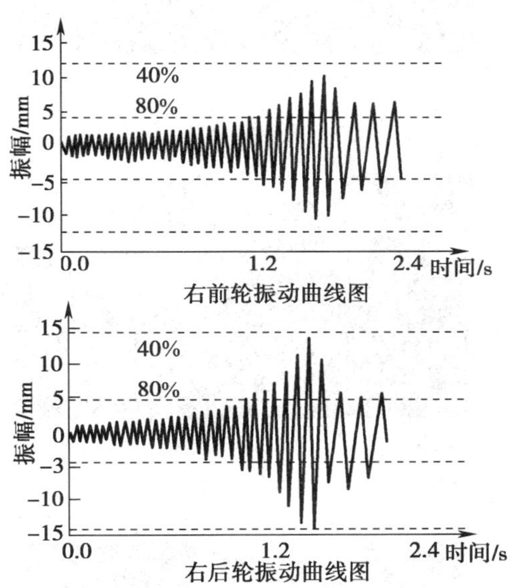

图 3—2—20　衰减振动曲线

4. 车轮定位参数检测

用四轮定位仪检测车轮定位参数的检测步骤见表 3—2—2。

表 3—2—2　　车轮定位参数的检测步骤

图片	检测步骤
	(1) 停车入位。将车辆停在举升机上，前轮停在转盘正中

续表

图片	检测步骤
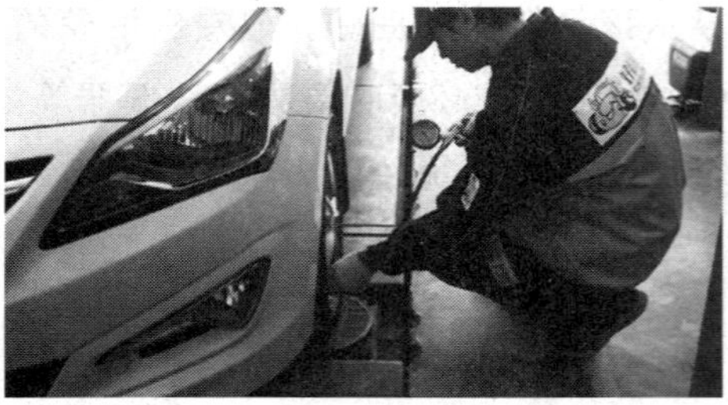	(2) 检查四轮胎压
	(3) 安装传感器
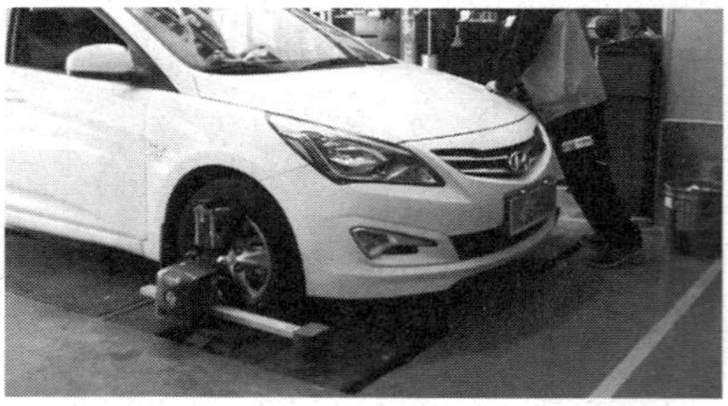	(4) 检查减振器
	(5) 固定方向盘和制动踏板

续表

图片	检测步骤
	（6）将车辆顶起
	（7）设定参数进行测试
	（8）依据读数调整底盘
	（9）调整好后撤掉设备
	（10）上路试车，确认定位结果

5．车轮动平衡检测

采用离车式车轮动平衡机检测车轮动平衡的检测步骤见表 3—2—3。

表 3—2—3　　车轮动平衡的检测步骤

图片	检测步骤
	（1）将车轮安装到离车式车轮动平衡机上
	（2）检测轮胎的安装情况，避免因为安装失误，导致检测车轮动平衡失误
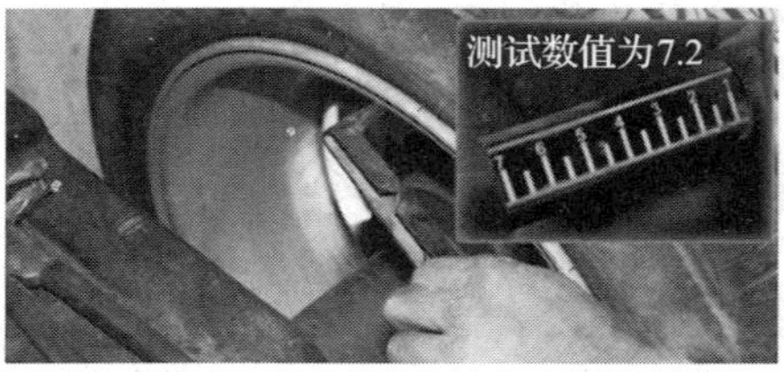	（3）把动平衡仪上的尺子拉出来进行测量
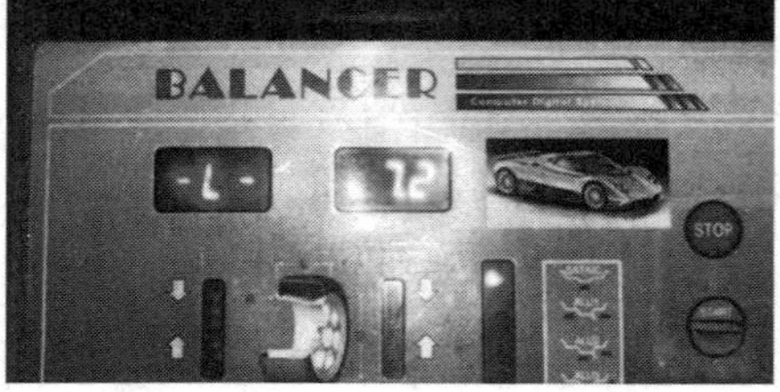	（4）在控制器中输入测量值 7.2
	（5）把弯尺拿出，测量轮辋宽度

续表

图片	检测步骤
	(6) 测量值为7.5
	(7) 输入测量值7.5
	(8) 观察轮辋直径，此轮胎是16英寸直径轮胎
	(9) 在控制器中输入轮辋直径16，按START键开始
	(10) 当检测停止后，计算机会测量出轮辋内外侧需要增加的砝码重量，先装外侧，转动轮胎，根据提示进行平衡块的安装步骤

续表

图片	检测步骤
 清洁完成后的轮毂内侧	（11）安装前清除旧的平衡块，并清洁轮辋内侧
 铝制的动平衡块，这是找出轮胎跑偏位置后，进行的补救措施	（12）安装上新的平衡块
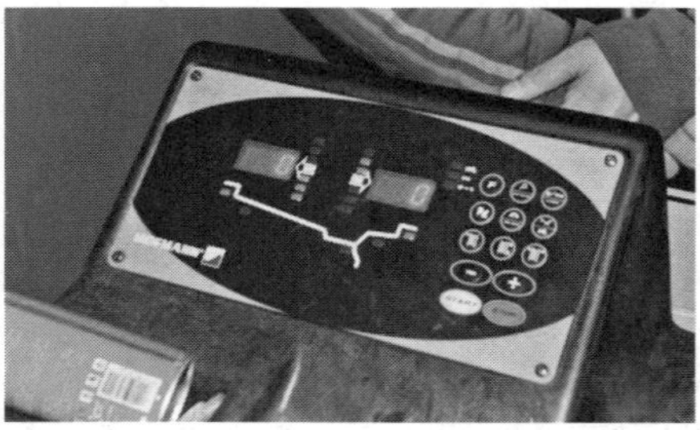	（13）动平衡要达到左右对称的数值“0”才算是符合标准
	（14）确认车轮动平衡无误后，将轮胎安装回车上，并对车辆进行清洁

思考与练习

1. 汽车的操纵稳定性指标有哪些？
2. 影响汽车操纵稳定性的因素有哪些？
3. 检测汽车操纵稳定性的设备有哪些？

模块 四

汽车公害检测

课题一　汽车排放污染物检测

◆ 掌握汽车排放污染物指标及其主要影响因素。

◆ 了解气体分析仪的种类、结构及基本原理。

◆ 了解烟度计的种类、结构及基本原理。

◆ 掌握汽油车排放污染物的检测方法。

◆ 掌握柴油车排放污染物的检测方法。

想一想

汽车排放的有害污染物中主要包括碳氢化合物（HC）、一氧化碳（CO）、氮氧化物（NO_X）、二氧化硫（SO_2）和固体颗粒等。哪些因素能影响汽车污染物的排放呢？

影响汽车排放污染的因素很多，包括空燃比、喷油控制得是否合理、点火控制得是否合理、发动机的运转情况、驾驶员的操作习惯、道路行驶情况等。除此之外，还有哪些因素呢？

汽油发动机和柴油发动机排放污染物的检测方法是不同的。那么，检测过程中都要用到哪些仪器和设备？怎样检测呢？

一、汽车排放污染物指标

1．汽车排放污染物的主要成分

汽车的排气中包含许多成分，其中基本成分是二氧化碳、水蒸气、过剩的氧气以及存留下来的氮气。它们是燃料和空气完全燃烧后的产物，从毒物学的观点来看排气中的这些成分是无害的。除上述成分外，汽车排气中还含有不完全燃烧的产物和燃烧反应的中间产物，包括一氧化碳（CO）、碳氢化合物（HC）、氮氧化物（NO_X）、二氧化硫（SO_2）、固体颗粒（碳烟）及醛类等。这些成分的质量总和在汽车排气中所占的比例不大，如在汽油车中只占 5%，在柴油车中占比还不到 1%，但它们中的大部分是有害的，或有强烈刺激性的气味，有的还有致癌作用。因此，我们把这些对人体有害及影响自然环境的成分称为排放污染物。

在相同工况下，汽油车的 CO、HC 和 NO_X 排放量比柴油车大，因此，目前的排放相关法规对汽油车主要是限制 CO、HC 和 NO_X 的排放量。柴油车对大气的污染较汽油车小很多。柴油机燃烧时混合气形成时间短，在空气不足或混合气不均匀的情况下，主要是产生碳烟污染，因此，在排放相关法规中主要是限制柴油车的碳烟排放。

2．汽车排放污染物的主要来源

汽车排放污染物主要有三个来源：

（1）发动机排气管排出的废气（尾气）

汽车排放的有害污染物中，约有 55%的碳氢化合物（HC）和绝大部分的一氧化碳（CO）、氮氧化物（NO_X）、二氧化硫（SO_2）、固体颗粒（碳烟）等都是由排气管排出的。

（2）曲轴箱窜气

曲轴箱窜气的主要成分是 HC（占 HC 总排放量的 20%～25%），其余还有 CO、NO_X、SO_2 等成分。

（3）汽油蒸汽

汽油车燃油系统的汽油蒸汽也会排放到大气中，其主要成分为 HC，约占总排放量的 20%。

3．主要排放污染物及其危害

（1）一氧化碳（CO）

汽车排放物中的 CO 是燃料不完全燃烧的产物。当发动机混合气过浓或燃烧质量不好时，易生成 CO。CO 是一种无色无味的有毒气体，它进入人体后极易与血液中的血红蛋白结合。CO 与血红蛋白的亲和力是氧的 300 倍。因此，CO 可使血液携带氧的能力降低而引起缺氧。CO 被人体大量吸入后会使人感觉恶心、头晕及疲劳，严重时会使人窒息死亡。

（2）碳氢化合物（HC）

汽车废气中的 HC 是多种碳氢化合物的总称，是由发动机未燃尽的燃料分解或供油系统中燃料的蒸发所产生的气体。单独的 HC 只有在浓度相当高的情况下才会对人体产生影响，一般情况下作用不大。但 HC 能引起光化学反应生成光化学氧化剂，且生成甲醛，形成烟雾，对人的眼、鼻和咽喉有较强的刺激作用，严重时可致癌。

（3）氮氧化物（NO_X）

排放中的氮氧化物主要是NO_2和NO，通常可概括表示为NO_X。其主要是由高温燃烧过程中空气中的氧和氮化合而成，燃料中的含氮化合物也会部分形成氮氧化物排放。汽车尾气中直接排出的氮氧化物基本上都是NO。汽油车排出的氮氧化物中，NO占99%，而柴油车排出的氮氧化物中NO_2的比例较大。NO从发动机刚排出时，其毒性较小，但排出后在大气中NO会被氧化成剧毒的NO_2，这一过程一般需要几个小时。若空气中有强氧化剂（如臭氧），则氧化过程会变得很迅速。NO_2是一种刺激性很强的污染物，它能刺激眼睛，麻痹嗅觉，甚至引起肺气肿。

（4）二氧化硫（SO_2）

汽车排气中SO_2的含量与燃料中的含硫量有关。一般来说，柴油机比汽油机排放的SO_2更多些。SO_2对发动机使用催化净化装置有破坏作用，即使少量的SO_2堆积在催化剂的表面，也会降低催化剂的使用寿命。同时SO_2是生成柴油机排放微粒的原因之一。但总的来说，与其他发生源（如燃煤）相比，汽车排放的SO_2所占的比例很小。从大气污染角度看，它不是汽车排放的主要问题。

（5）微粒

微粒是指排气中的铅化物、碳烟和油雾的总称。

1）铅化物

在车用汽油中，为了改善汽油的品质，曾采用添加各种铅的化合物如四乙铅，来提高汽油的辛烷值和抗爆性。在高压缩比、高性能的汽油机上，大多使用添加四乙铅的高辛烷值汽油，但是这种含铅的高辛烷值汽油燃烧所生成的铅化物从发动机排出后，会成为污染大气的有害物质。如果人们吸入这种气体，铅将在人体内逐渐积累造成危害。另外，汽油中添加的铅还会使催化剂中毒，影响催化反应器的转化效率和使用寿命。为了防止铅污染，近年来许多国家已经开始采用无铅汽油。

2）碳烟

碳烟是燃料不完全燃烧的产物。发动机的碳烟主要由直径为0.1～10 mm的多孔性碳粒构成。燃烧中各种各样的不完全燃烧产物，可以以多种形式附着在多孔且活性很强的碳粒表面。这些附着在碳粒表面的物质种类繁多，其中有些是致癌物质。

（6）臭味

臭味是由多种成分引起的，除了O_3和NO_2以外，燃料的不完全燃烧产物如甲醛、丙烯醛等，也有臭味。臭味不仅使人感觉难受，还会刺激人的眼睛等器官。

二、影响汽车排放污染物的因素

汽油机的设计和运行参数、燃料设备、分配及成分等因素都与排放污染物的排出量有很大关系。为了降低汽油机排气中有害污染物的排放，必须了解这些因素对有害排放物的影响。

1．空燃比

空燃比是指可燃混合气中空气与燃油之间质量的比例，一般用每克燃料燃烧时的空气的克数来表示。空燃比是发动机运转时的一个重要参数，它对尾气排放、发动机的动力性和经济性都有很大的影响。

空燃比大于理论值（汽油为14.7，柴油为14.3）的混合气称为稀混合气，气多油少、燃烧完全、油耗低、污染小，但功率也较小。空燃比小于理论值的混合气称为浓混合气，气少油多、功率较大。空燃比在16左右时油耗最低，在18左右时污染源浓度最低。因此，为了降低油耗、减少污染，应当尽量使用空燃比大的稀混合气，只在需要时才使用浓混合气。

随着空燃比的增加，CO的排放浓度逐渐下降，原因是空气量不断增加，混合气变稀，使燃料在气缸内充分燃烧；当混合气过稀或缸内废气过多时会出现火焰传播不充分，即燃烧室部分地区由于混合气过稀或缸内残余废气系数过高而不能燃烧，出现断火，这时，排气中的HC浓度会显著增加；NO_X在燃气中的氧的含量较高，此时燃烧温度处于峰值，NO_X的排放浓度也处于峰值。

2．喷油速率及喷油提前角的影响

喷油速率和喷油提前角是供油系统的两个主要参数，它们也是影响污染物排放的主导因素之一。这两个参数的变动，可能只降低某种污染物的排放量，却使另一种增加，即在这一过程中，改变这两个参数虽然降低了有害排放物的量，但是会使燃油经济性及动力性下降。

（1）喷油速率

喷油速率是指喷油器在单位时间内喷入燃烧室内的燃油量。喷油速率的变化对氮氧化物、碳氢化合物及一氧化碳都有一定的影响。若提高喷油速率，减少喷油的持续时间，并可在喷油终点时推迟喷油，这样不仅能降低氮氧化物的排放量，而且又保证了发动机的动力性和燃油经济性。但是，如果喷油速率过高，会导致HC的排放量增加。这里所说的喷油速率增加并不是指整个过程的喷油速率的提高。通俗地说，初期的喷油速率不能过高，用以抑制着火后期内有害混合气的生成量，降低初期的燃烧速率，从而降低内燃机内的温度和噪声，以及抑制氮氧化物的生成；中期急速喷油，即通过高喷油压力和高喷油速率来加速扩散燃烧速度，这样可避免低的喷油压力和雾化质量变差带来的不完全燃烧和微粒排放的增加。

（2）喷油提前角

喷油提前角与点火提前角相似，对NO_X、CO和HC排放的影响较大，不同的是喷油提前角的影响对象主要是柴油机；相同的是推迟喷油提前角可降低这些污染物的排放量，但是，过分推迟就会导致初期喷油速率增大，从而使 NO_X 的排放量攀升。

除了喷油速率和喷油提前角，供油系统的参数还有很多，如喷油压力、喷口直径和喷孔数目等，它们对污染物的排放量都有一定的影响。例如，在喷油速率和压力等因素不变时，增大喷口直径或是减少喷孔数目，都可以降低 NO_X 的排放量。

3．点火提前角

在空燃比一定的情况下，点火提前角对 CO 排放浓度的影响不大，除非过分提前，致使 CO 没有充分的时间被氧化而引起 CO 排放量增加。但是，点火提前角对 HC 和 NO_X 的影响较大。随着最佳点火提前角的推迟，NO_X 和 HC 量同时降低，后燃加重，热效率变差，燃烧消耗明显恶化；如果最佳点火提前角提前，就会导致排气温度上升，使得在排气行程以及排气管中的 HC 加速氧化，使最终排出的 HC 减少。

4．发动机运转状态

汽油机的运转状态分为稳定运转和非稳定运转状态。稳定运转状态是指发动机的零部件、冷却水及润滑油的温度趋于平衡，发动机在恒定的转速和负荷下运转；相反，非稳定运转状态是指发动机在实际运行中，零部件、冷却水及润滑油的温度不可能恒定不变，发动机的转速和负荷也需要随时调整以适应不同的外界环境。

在稳定运转状态下影响污染物排放的主要因素是转速和负荷。转速对污染物排放的影响较为复杂，因为转速的变化将引起充气系数、点火提前角、混合气的形成、空燃比等因素的变化。当转速增加时，汽油机内的温度升高，有利于燃料的燃烧，降低 CO 和 HC 的排放量。但是汽油机怠速时，由于转速低、汽油雾化差、混合气很浓，CO 和 HC 的排放浓度较高。同样，随着负荷的增加对污染物排放的影响较小。

在非稳定运转状态下影响污染物排放的主要因素是冷启动、加速、减速等。冷启动时，汽油机不仅转速及温度低，而且过量空气系数小于 1，致使汽油机内混合气过浓，从而导致较高浓度的 CO 排放；加速时，发动机部分负荷迅速增加，使内燃机内的混合气过浓，从而增加了废气的排放量；减速时，发动机由于汽车倒拖的过程，在汽油机内处于怠速状态，即污染物的排放量增加。

5．驾驶技术对汽车排放性能的影响

驾驶技术是影响汽车有害物质排放的一个重要因素。正确地驾驶操作可以大大降低汽车污染物的排放。试验表明，不同技术水平的驾驶员在相同使用条件下驾驶相同的汽车，污染物排放量差异很大。有丰富经验的驾驶员，在驾驶过程中对换挡、加速、减速的时机和强度有充分的了解，车辆运行平稳；而没有经验的驾驶员，驾驶时操作时机掌握不好，车辆运行不够平滑，空燃比波动较大，导致加速度和减速度超过排放法规值。

（1）起动控制

汽车起动时化油器供给气缸的混合气浓度高，尾气中的CO、HC化合物含量多，特别是起动不成功时，进入气缸中的汽油没有燃烧而直接排放到大气中，造成严重的化合物污染。试验表明，汽车起动时保持阻风门开度为30°左右排污量最小，因为阻风门开度过小或完全关闭时混合气过浓，会引起尾气中的CO、HC化合物含量明显增加，所以驾驶员应保持点火系、起动系和供油系性能良好，起动时控制好油门和阻风门，争取一次起动成功。

（2）车速控制

理论分析和试验结果表明，车辆加速或减速时，尾气中的CO、HC化合物含量显著增加，加速时由于发动机温度的升高还可能引起NO_X化合物排放量的增加，只有在等速行驶时汽车的排污量最低。因此，在道路条件和环境允许的情况下，应尽量保持等速行驶，不要频繁变换车速。

（3）加速踏板控制

加速踏板直接控制进入气缸的混合气浓度，对尾气排放影响很大。在急踩加速踏板时，燃料供给系统向气缸供给极浓的混合气，尾气中的HC、CO化合物将显著增加。在急松加速踏板时，无节气门缓冲装置的节气门由于突然关闭，造成进气歧管真空度急剧增大，这时附着在进气歧管壁上的油膜和怠速油道中的燃油会迅速蒸发并进入气缸，短时间内使混合气变浓，而后混合气又迅速变稀，造成发动机燃烧条件恶化，工作不稳定，排污量增加。因此，驾驶员开车时应平稳操作加速踏板，不宜急踩或急松加速踏板。

（4）发动机水温控制

发动机工作时，由于冷却水的作用会使气缸壁附近形成一层温度较低的混合气，称为激冷层。激冷层内的混合气因温度低而不能燃烧，主要以HC化合物的形式排出，造成污染。发动机水温越低，激冷层越厚，尾气中HC化合物含量越多。所以要注意给发动机保温，保持发动机水温接近允许值的上限。

6．道路对汽车排放性能的影响

（1）在城市行驶时对汽车排放性能的影响

由于城市交通不畅，道路拥挤，汽车频繁地减速、停车、起步，使发动机怠速、小功率范围内运行时间增长，使汽车有害排放物急剧增加。不同的道路类型对汽车的运行工况影响不同，在快速道行驶时，汽车怠速工况、加减速工况的比例小，而在有红绿灯的城区道路行驶时，其怠速工况、加减速工况要高得多。在城市商业区，汽车怠速工况时间一般在16％以上，高的达33％；加减速工况时间一般在50％以上；匀速工况时间约为25％，有些城市的平均车速甚至下降到10 km/h左右，怠速工况、加减速工况的比例高达75％。排气污染与汽车运行工况密切相关，在浓混合气的怠速工况下，其 CO 和 HC 的排放浓度为中等匀速工况的 2～3 倍。在汽车运行中，怠速工况将随车流的拥堵而成比例地增加，必然形成高密度污染物排放。

（2）在高原和山区条件下行驶时对汽车排放性能的影响

山区条件：地形复杂，经常会遇到上坡、下坡、路窄、弯多、坡道长而陡、弯道急而弯的情况，行车安全性下降。

高原条件：海拔高、空气稀薄、气压低、发动机充气量少，使发动机动力性、燃油经济性和环保性下降。

影响：由于海拔高度影响发动机的空燃比，空燃比的变化又导致排气成分浓度的变化，从而影响有害物质的排放量。一般来说，CO、HC 排放浓度随海拔升高而增大，而 NO_X 排放浓度则有所下降。

7．燃油组成对排放性能的影响

（1）辛烷值的影响

汽油的辛烷值不仅对汽油机的排放有一定的影响，而且还直接关系到是否会发生爆燃。在汽油燃烧过程中，随着压缩比及气缸内气体温度的不断升高，可能出现一种不正常的自燃现象，称为爆燃。辛烷值是表示汽油抗爆性的指标。汽油的辛烷值越高，则抗爆燃的能力越强，辛烷值低则易产生爆燃，并增加 NOx 排放量，特别在较稀混合气燃烧的情况下更加显著。事实上，由于爆燃对发动机有破坏作用，所以引起 NOx 剧增的强爆燃情况是在实际使用中不允许发生的。

从另一方面来看，较低的辛烷值限制了发动机的压缩比，导致燃油消耗率上升，总污染物排放量也随之上升。

在许多情况下，烯烃是提高汽油辛烷值的理想成分，但是由于烯烃的热稳定较差，导致它容易产生胶质，并沉积在进气系统中，会影响燃烧效果，增加污染物排放。活泼烯烃是光化学烟雾的前体物，蒸发排放到大气中将会产生光化学反应，从而引起光化学污染。我国许多城市在夏季、秋季都发生过空气臭氧浓度超标的光化学烟雾型空气污染，这与使用高烯烃汽油有着密切的关系。

（2）硫含量的影响

硫（S）天然存在于原油中，如果在炼油过程未进行脱硫处理，汽油就会受其污染。硫可降低三元催化器的效率，对氧传感器也有不利影响，进而使汽车使用的汽油机排放物增加。不论其发动机技术水平和状态如何，汽油中硫的质量分数从 10^{-4} 降到 10^{-5} 数量级时，尾气中的 HC、CO、NOx 等均有显著下降。另外，高硫汽油还会引起车载诊断系统的混乱和误报。

（3）添加剂的影响

车用汽油中可能加入多种类型的添加剂：防止汽油爆燃的抗爆剂，如四乙基铅、

MMT 等；抑制烯烃聚合的抗氧剂，如氨基酚、烷基酚等。

无铅汽油还添加一些高辛烷值的含氧有机化合物，如甲基叔丁基醚（MTBE）和乙醇等。汽油自身的氧有助于氧化汽油的不完全燃烧物 CO 和 HC，并降低它们的排放量。当用无反馈控制的供油系统时，从纯烃燃料改用含氧燃料会使混合气变稀，CO 和 HC 的排放量下降。

8．汽车维护对排放性能的影响

（1）发动机维护

发动机维护质量直接影响汽车排气性能。第一，要保证起动系、点火系和供油系性能的良好，使发动机易于起动和在各种工况下混合气可以充分燃烧。起动系性能下降、点火系的高速断火、火花过弱及单缸缺火等故障都可能导致没有燃烧的汽油被直接排放到大气中，加剧化合物污染。化油器工作不良可能引起进入气缸的混合气过浓或过稀，使尾气中的排污量增加。第二，应加强排污装备的维护。现代汽车上装有一定数量的排污装备，常见的有曲轴箱通风装置、热反应器、节气门缓冲器及燃油蒸发吸附装置等，这些装置对汽车的行驶能力影响不大，常常被驾驶员忽视，即使坏了也不愿意修理，甚至擅自拆下，这会导致汽车的排污性能急剧下降。第三，应注意化油器和油箱的隔热，防止汽油蒸发和泄漏。第四，应提高气缸的密封性，应注意以下两个方面：一是及时排除气门关闭不严的故障，防止可燃混合气从气门处泄漏；二是适时检查气缸磨损量，及时更换活塞环，以防止可燃混合气窜入曲轴箱。

（2）底盘维护

底盘维护质量好坏也对汽车排放性能有一定的影响。例如，制动调整不当而造成制动“发咬”、轮毂轴承“过紧”，会使行驶阻力过大，汽车的加速时间延长，从而使发动机在浓混合气状态下工作时间过长，排污量增加。又如，离合器打滑会影响动力输出，离合器分离不彻底或变速器同步器故障等会引起换挡困难，也会间接使尾气中的有害物成分增加。

三、汽车排放污染物检测设备

在对汽车排放污染物的各项指标进行检测时，往往要借助一些测量仪器，如不分光红外线气体分析仪、氢火焰离子分析仪、化学发光分析仪、顺磁分析仪、气相色谱仪、综合排放分析仪、滤纸式烟度计和不透光烟度计等。

1．不分光红外气体分析仪

不分光红外气体分析仪如图 4—1—1 所示，是采用不分光红外法，又称非分散红外吸收分析 NDIR 法（无弥散红外线）来测定目标气体浓度的方法，即由光源发出的光直接穿过装于玻璃容器内的试样后，通过滤镜得到单一波长的光到达检测器。

汽车排气中的CO、HC、NO和CO_2等气体，对红外线分别具有吸收一定波长的性质，而且红外线被吸收的程度与废气浓度之间有一定的关系，即通过废气吸收一定波长红外线能量的变化，来检测废气中各种污染物的含量。

2．氢火焰离子分析仪

氢火焰离子分析仪（HFID）如图4—1—2所示，是测定内燃机排气中未燃碳氢化合物浓度最有效的仪器。其检测极限的数量级最小可达10^{-9}，有很高的灵敏度，对环境温度及大气压力不敏感。

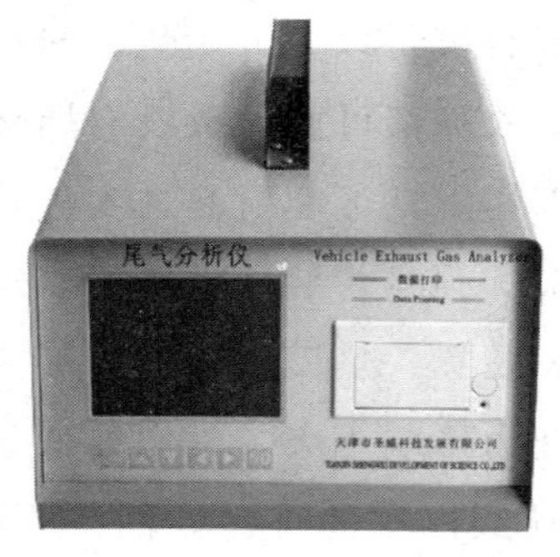

图4—1—1　不分光红外气体分析仪

图4—1—2　氢火焰离子分析仪

氢火焰离子分析仪的工作原理是基于下述现象的：

纯氢气与空气燃烧离子化作用非常小，但如果将有机碳氢化合物（如烃类燃料）导入氢火焰时，在氢火焰的高温（2 000℃）作用下，部分分子和原子就会离子化生成大量的自由离子，离子化的程度与烃分子中的碳原子数成正比关系。如果外加适当的电场，使自由离子形成离子电流并产生微电流信号，则通过测量离子电流的大小即可确定试样气体中碳氢化合物以及碳原子计量的浓度。

氢火焰离子分析仪由燃烧器、离子收集器和电路等部分组成。离子收集器和毛细管的燃烧器喷嘴构成了电路的一部分，气体试样和氢气在毛细管中混合后从喷管喷入，在燃烧器上部形成火焰。电极化电池在火焰附近形成一个静电场，于是正离子射向离子收集器，电子则射向喷嘴处，由此所形成的直流电信号经过调幅器减幅，然后输入交流放大器后送入示波器和记录仪进行测量。虽然氢火焰离子分析仪对水蒸气的灵敏度很低，但仍要预防试样系统中水凝聚以避免毛细管堵塞。由于碳氢化合物中各组分的沸点不同，高沸点的碳氢化合物在直接采用过程中会产生吸附和凝缩，为防止HC的凝缩损失及水蒸气凝结堵塞毛细管（这种堵塞往往造成仪器的不稳定响应），因此在氢火焰离子分析仪中，燃烧装置和采样管应加热到190℃以上。在此条件下，试样气体中的水将变成水蒸气状态通过测试系统。

3．化学发光分析仪

CLD（Chemiluminescent Detector）是化学发光分析仪的简称，如图 4—1—3 所示。采用 CLD 分析排气中的 NOx 是目前最好的方法。采用 CLD 测量 NOx，灵敏度高，体积分数可达 10^{-7}数量级；响应特性好，在 $0\sim10^{-2}$范围内具有良好的线性输出。

4．顺磁分析仪

任何物质在外界磁场的作用下都会被磁化，呈现出一定的磁特性。物质在外加磁场中被磁化，其本身就会产生一个附加磁场，附加磁场与外磁场方向相同时，该物质则物质就被外磁场吸引；附加磁场与外磁场方向相反时，该物质则被外磁场排斥。因此，通常会将被外磁场吸引的物质称为顺磁性物质，或者说该物质具有顺磁性；而把被磁场排斥的物质称为逆磁性物质，或者说该物质具有逆磁性。气体介质处于磁场中也会被磁化，根据气体组分对磁场的吸引和排斥的不同，也将气体分为顺磁性和逆磁性。顺磁性气体有 O_2、NO、NO_2等；逆磁性气体有 H_2、N_2、CO_2、CH_4等。根据气体的以上特性制成的气体分析仪称为顺磁分析仪，如图 4—1—4 所示。

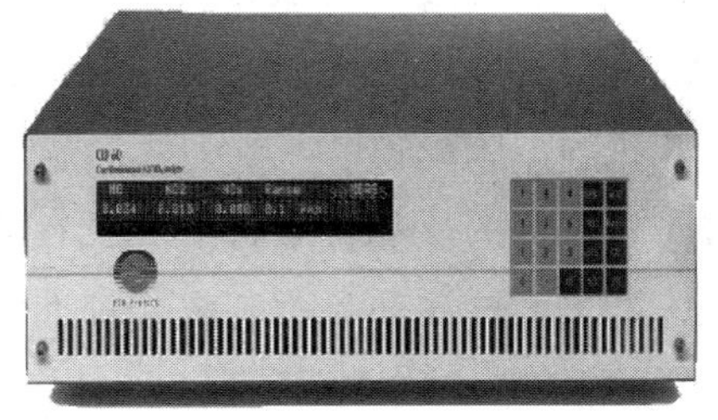

图 4—1—3　化学发光分析仪

图 4—1—4　顺磁分析仪

5．气相色谱仪

气相色谱仪如图 4—1—5 所示，是将分析样品在进样口中气化后，由载气带入色谱柱，通过对欲检测混合物中组分有不同保留性能的色谱柱，使各组分分离，依次导入检测器，以得到各组分的检测信号。按照导入检测器的先后次序，经过对比，可以区别出是什么组分，根据峰高度或峰面积可以计算出各组分的含量。

6．综合排放分析仪

综合排放分析仪通常是根据汽车排放法规的要求，将各种废气成分分析仪有机组合成一体的检测仪器，如图 4—1—6 所示，它可以对排放法规中规定的全部气体排放物进行分析测量。汽车综合排放分析仪用 NDIR 法测量 CO 和 CO_2浓度，用 HFID 法测量 HC 浓度，用 CLD 法测量 NO_x浓度。为适应对电控燃油喷射发动机汽车检测的需要，当前开发的汽车综合排放分析仪增加了 O_2的检测功能，能检测五种气体（CO、CO_2、HC、NO_x和 O_2）成分的浓度。五气体分析仪通常采用 NDIR 法测量 CO、CO_2和 HC 浓度，采用 CLD 法测量 NO_x浓度，采用氧传感器法测量 O_2浓度。

图 4—1—5　气相色谱仪

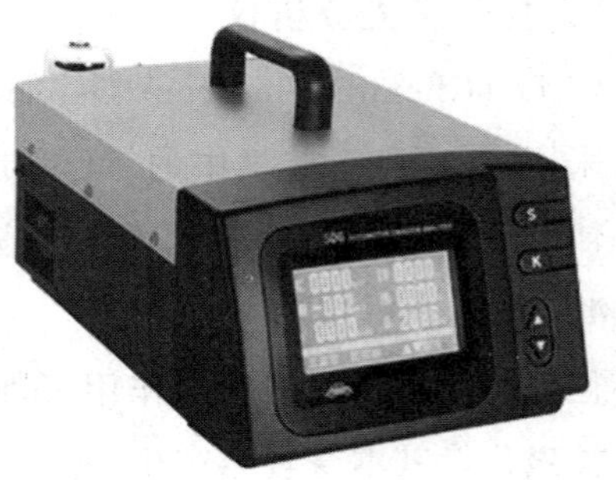

图 4—1—6　综合排放分析仪

7. 滤纸式烟度计

柴油机工作时排出的废气同汽油机一样具有多种成分，但 CO、HC 等比汽油机少得多，其污染物主要是浓烟。

滤纸式烟度计是用一个活塞式抽气泵从柴油机排气管中抽取一定容积的废气，使它通过一张一定面积的白色滤纸，废气中的碳烟存留在滤纸上并使其染黑。然后用检测装置测定滤纸的染黑度（FSN）来评定柴油车的排烟度。滤纸的染黑度由 0～10 FNS 表示，全白滤纸的染黑度为 0 FSN，全黑滤纸的染黑度为 10 FSN，从 0～10 均匀分度。

滤纸式烟度计是世界上应用最广泛的烟度计之一，可分为手动、半自动和全自动三种形式，如图 4—1—7 所示。它们都是由取样装置、染黑度检测和指示装置、校准装置组成。

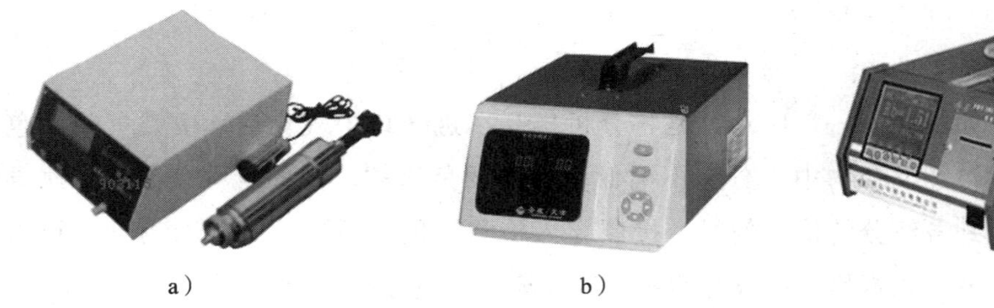

a）　　b）　　c）

图 4—1—7　三种类型的烟度计

a）手动滤纸式烟度计　b）半自动烟度计　c）全自动滤纸式烟度计

（1）取样装置

废气取样装置由取样探头、活塞和抽气泵组成。取样探头在活塞作用下抽取废气，它的结构形状在取样时不受排气动压的影响。

活塞式抽气泵由泵筒、活塞、活塞杆、手柄、回位弹簧、气动控制机械和滤纸夹持器等组成。活塞抽气泵在使用前，应操纵手柄克服回位弹簧的压力而将活塞压至最下端，并由气动控制机构中的钢球锁止。当需要取样时，通过手动橡皮球向抽气泵气动控制机构充气。在气压的作用下，气动控制机构钢球取消对活塞的锁止作用，于是活塞在回位弹簧的作用下迅速而均匀地回到上端。此时，抽气泵活塞移动全程的抽气量为（330±15）mL。

抽气泵下端有一个插口，内插测量滤纸。当抽气泵抽气时，废气经滤纸进入泵筒内，于是废气中的炭黑便留存在滤纸上并将其染黑。取样软管把取样探头和活塞式抽气泵连接在一起，由于泵的抽气量与软管的容积有关，所以对取样软管的内径和长度均有要求。我国规定取样软管的内径为 ϕ5 mm，长度为 5 m。

（2）染黑度检测装置和指示装置

染黑度检测装置由光电传感器、指示电表等组成，另外还配有标准烟样和滤纸。光电传感器由光源（白炽灯）、光电元件（环形硒光电池）和电位器等组成。电源接通后，白炽灯发亮，其光源通过带有中心孔的环形硒光电池照射到滤纸上。当滤纸产生的染黑度不同时，其反射给环形硒光电池感应面的光线强度也不同，因而环形硒光电池产生的电流强度也不相同。线路中一般配有电位器 W1 和 W2 作为白炽灯泡电流的粗调和细调，以便获得适当的光强，使光源和硒光电池的灵敏度相匹配。指示电表用一块微安表来指示滤纸的染黑度。

（3）校准装置

烟度计在使用过程中，由于电源电压的变化，引起灯光发光强度的改变，影响测量精度，因此必须随时校准。

指示仪表需要校准时，只要把标准色纸放在染黑度检测装置规定的位置上开灯照射，用仪表调节或把指示仪表的指针调到标准色纸所代表的数值上即可。

8．不透光烟度计

不透光烟度计如图 4—1—8 所示，不仅可以测量柴油机排气中的碳烟，而且可以测量蓝烟和白烟排放，对低浓度的可见污染物有较强的测量能力，可以实现排气烟度的连续测量。因而，不透光烟度计可以用来研究柴油机的瞬态碳烟和其他可见污染物的排放特性，同时也满足排放法规中自由加速烟度的测量要求。

图 4—1—8　不透光烟度仪

对应流过光通道排气量的不同，不透光烟度计可分为全流式不透光烟度计（全部排气流过光通道）和分流式不透光烟度计（部分排气流过光通道）。按我国法规要求，我国不透光烟度计采用分流式测量原理。

各种分流式不透光烟度计在实际应用中因使用场合的差异应有所区别。从经济实用的角度考虑，用于整车尾气测量的不透光烟度计在取样系统的设计中无取样温度及压力调节控制功能，检测样气时靠柴油机的排气背压压入检测室，为保证测量稳定性及重复性，避免排气背压对测量造成的影响，取样点设置在整车排气管的消声器之后，起到稳压作用，因而，这种烟度计不适用于试验台架测量应用，只应用于整车自由加速尾气烟度排放测量。同样，应用于试验台架测量的不透光烟度计应可固定安装在排气管上，且样气可经采样管进入仪器，再从仪器回流到排气管内，同时需监控烟气压力，整车的排气尾管无法满足对取样安装位置的要求，这种应用于试验台架测量的不透光烟度计也不适用于整车测量。

四、汽车排放污染物的检测

1．汽油车排放污染物的检测方法

汽油车的排放污染物测定方法分为工况法和怠速法。怠速法中包括单怠速法和双怠速法，检测站主要以单怠速法测量汽油车的排放污染物。其实怠速法并不能具体反映车辆的实际情况，但是由于其操作简单，并且限制条件较少，故在检测站中被广泛采用。汽油车排放污染物的检测一般采用气体分析仪进行检测，现有的气体分析仪可以检测汽油车的“五气”。

（1）测定前的准备工作

在进行汽车排放污染物检测时必须做好测定前的准备工作，包括测量仪器的准备和被测车辆的准备。

1）仪器的准备

仪器使用前应先接通电源，预热 30 min 以上，然后按表 4—1—1 规定的部位进行检查。

表 4—1—1　　　　汽油车排气检测前的仪器准备

检查部位	检查要领	备注
指示计	在不输入电源的状态下，检查指针的机械零点	偏离时，调节零点校准螺钉，直至合格
流量计	从气体入口取下导管，用右手遮住进气口，检查动作状态	当发现不能正常动作时，应由专业厂家修理
探测器和导管	检查有否压扁、割坏、堵塞、污染等情况	当发现已压扁或割坏时应更换新件，如有污染和堵塞时，应用布和压缩空气清扫
滤清器	检查脏污程度	脏污时应更换

续表

检查部位	检查要领	备注
水分离器	检查存水量	发现有存水时应取下排尽存水并清扫
校正装置 1. 标准气体校正 2. 简易校正装置	接通电源进行必要的预热，吸进清净空气，检查零点调整能否进行。关闭泵开关（校正时，测定转换开关放在校正侧）注入标准气体，检查能否进行标准调整（调整频率根据制造厂的规定）。打开简易校正开关，检查动作状态和指示针的指针位置，即刻度板的调整位置	不能调整时，应交由专业厂家修理。HC测定器的标准气体是丙烷，所以应通过下式求校正的基准值（标准气体浓度×换算系数）。当发现不能调整时应送专业厂家修理
接线	检查有无损伤和接触不良的地方	如发现有接触不良和断线处，应更换新件

接着从仪器上取出采样导管，按如图4—1—9所示进行校正：吸进清洁空气，用零点调整旋钮调整零位，再把测定器附属的标准气体从标准气体注入口注入，用标准气体校正旋钮，使指示值符合校正基准值（注意：当注入标准气体时，应关闭仪器上的泵开关）。

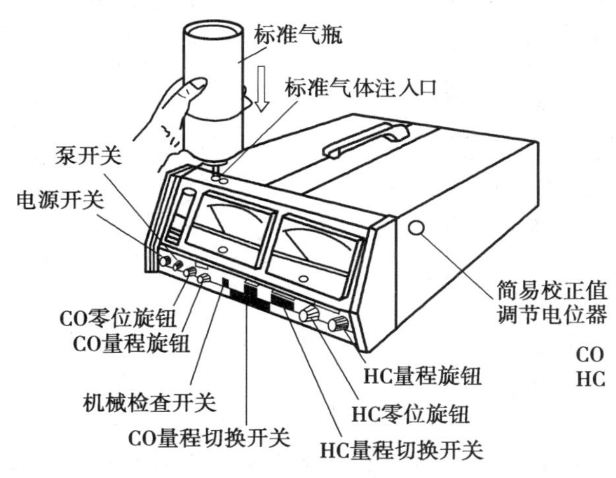

图4—1—9　气体分析仪外形示意图及校正图

一氧化碳测定器是以标准气体储气瓶里的一氧化碳浓度作为校正基准值，而碳氢化合物测定器由于在标准气体里采用丙烷（C_3H_8）气体，所以需通过下式求出正己烷（C_3H_{14}）换算值作为校正基准：

校正基准值=标准气体（丙烷）浓度×换算系数（正己烷换算值）

例如：换算系数为0.530，标准气体丙烷浓度为700×10^{-6}。

$$校正基准值=700\times10^{-6}\times0.530=371\times10^{-6}$$

接通如图4—1—10所示的简易校正开关。对于有校正位置刻度线的仪器，可用标准调整旋钮把仪表指针调到标准刻度线位置。对于没有标准刻度线的仪器，要在标准气体校正后立即进行简易校正，使仪器指针与标准气体校正后的指示值重合。检查采样探头和导管内是否有残留HC。如果管内壁吸附残留HC过多，仪表指针偏离零点太多，要用压缩空气清洁采样探头和导管。

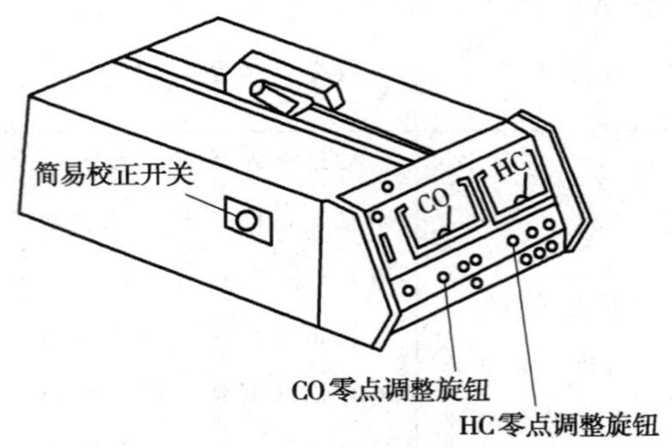

图4—1—10　简易校正开关

2）被测车辆的准备

按规定转速使被测车辆发动机作怠速运转，使发动机达到规定热车温度。

（2）汽油车排放污染物的测定

1）将发动机由怠速加速到中等转速，维持5 s以上，再回到怠速状态。

2）把指示仪表的读数转换开关打到最高量程挡位，如图4—1—11所示。

3）将取样探头插入汽车排气管中，深度不小于300 mm，如图4—1—12所示。

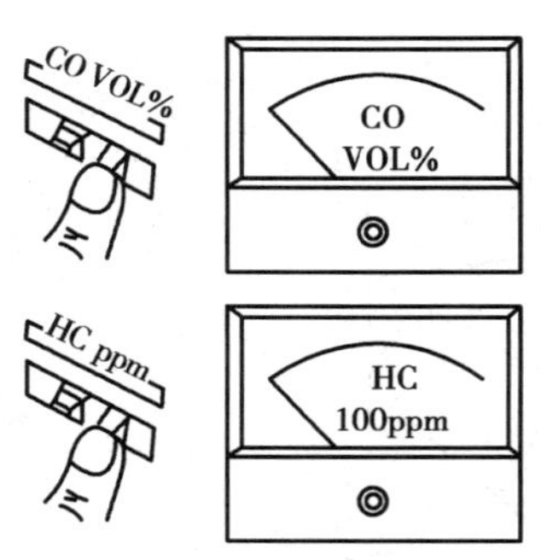

图4—1—11　气体分析仪量程开关打到最大量程挡位

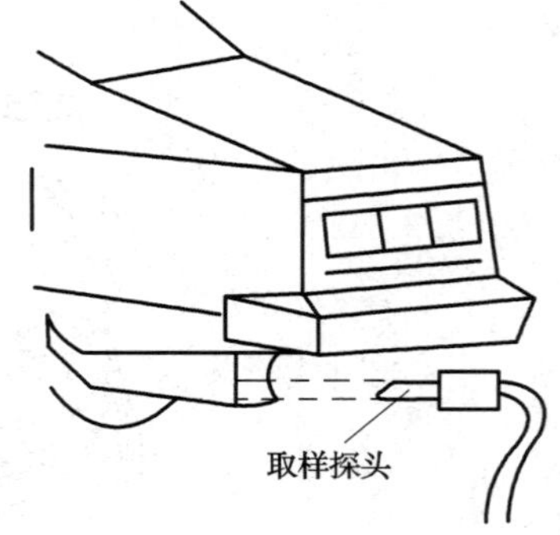

图4—1—12　气体分析仪探头深入位置

4）一边观看指示仪表，一边用读数转换开关选择适于废气浓度的量程挡位，待指针稳定后读取最大值。若为多排气管时，则取各管测量值的算术平均值。

5）检测工作结束后，把取样探头从排气管里取出来，让其吸入新鲜空气工作5 min，待仪器指针回到零点后再关掉电源。

（3）测试注意事项

1）汽油车怠速污染物的检测一定要把发动机怠速和温度控制在规定范围内。

2）取样探头、导管分为低浓度用和高浓度用两种，两者要区别使用。

3）检测时导管不要发生弯折现象。

4）多部车辆连续检测时，一定要把取样探头从排气管里抽出并待仪表指针回到零点后，再进行下一部车的检测。

5）不要在有油或有机溶剂的地方进行检测。

6）若校准用的校准气样有毒，要注意保管并注意在检测地点进行室内通风换气，以防人员中毒。

7）检测结束后，要立即把取样探头从排气管里抽出来。

8）取样探头不用时要垂直吊挂，不要平放，以防管内的积水腐蚀取样探头。

9）分析仪不要放置在湿度大、温度变化大、振动大或有倾斜的地方。

10）分析仪要定时保养，以确保使用精度。

2．柴油车排放污染物的检测方法

柴油车的排放污染物主要是用烟度计检测柴油车的排放烟度。

（1）测定前的准备工作

准备工作包括仪器的准备和被测车辆的准备。

1）仪器的准备

认真阅读烟度计的使用说明书，在仪器使用前做好以下准备工作；

①在未接通电源时，先检查指示电表指针是否在机械零点上。若指针失准，可用零点调整螺钉使指针与“10”的刻度重合。

②接通电源，进行必要的预热，打开测量开关，在光电传感器垂直方向下面垫上10张洁白的滤纸，然后调节电位器旋钮使表头指针与“0”的刻线重合。

③再在10张洁白滤纸上放上1张标准烟样，将光电传感器对准烟样中心垂直放置在其上。此时表头指针应指在标准烟样所代表的染黑度数值上，否则需调节小型电位器旋钮。

④检查取样装置和控制装置中各部件的工作性能，特别要注意脚和手控制的抽气泵开关与抽气泵动作是否同步。

⑤检查控制用压缩空气源的压力和清洗用压缩空气的压力是否符合要求。

⑥滤纸要求洁白无污，使用前应检查是否合格。

2）被测车辆的准备

①排气系统不得有泄漏。

②排气管应能保证取样探头插入深度不小于300 mm。否则排气管应加接管，并保证接口不漏气。

③必须采用生产厂家规定的柴油机油和未添加消烟剂的柴油。

④柴油机应预热到说明书规定的热状态。

（2）柴油车排气烟度测试方法

1）将取样探头逆气流固定于排气管内，并使其中心线与排气管轴线平行。

2）将踏板开关引入汽车驾驶室或将手动橡皮球通过远控软管引入汽车驾驶室。

3）把抽气泵活塞推到最前端锁止，并装入滤纸。

4）按图 4—1—13 所示的烟度测定程序进行检测。先由怠速工况将加速踏板踩到底，约 4 s 后即松开，如此重复三次，以便把排气管内的炭渣吹掉。

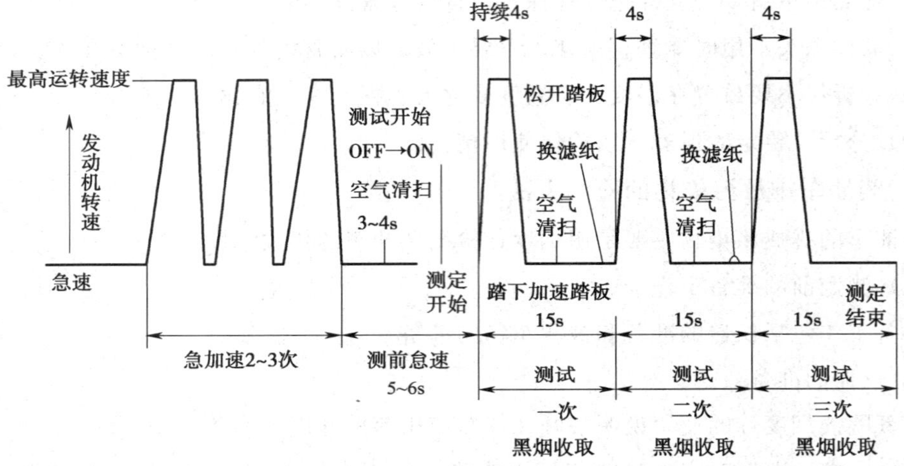

图 4—1—13 烟度测定程序图

5）怠速运转约 11 s。在此期间要用压缩空气清洗机构对取样软管和取样探头吹洗 3～4 s，再把踏板开关固定在加速踏板上或将手动橡皮球拿在手中，按下述方法开始检测。

6）将加速踏板与踏板开关一并迅速踩到底，或在踩下加速踏板的同时急速捏压手动橡皮球，至 4 s 时迅即松开加速踏板，手动控制时要松开橡皮球。

7）维持 11 s。在此期间，用压缩空气清洗机构对取样软管和取样探头吹洗 3～4 s，并把抽气泵的活塞压至吸气开始位置。

8）下一次重新踩下加速踏板与踏板开关时，距前一次的时间间隔为 15 s，如此重复三次。

9）若是使用圆片式滤纸烟度计，要把已染黑的三张滤纸分别放在 10 张为一叠的白色滤纸上，把光电传感器对准其中心垂直放置，打开指示装置的指示开关，读取表头指针的指示值。三次读数的算术平均值即为该工况下的排气烟度值。

10）检测中被染黑的滤纸，最好能在其边缘上记下试验序号、试验工况和试验日期，以便保存。

（3）注意事项

1）从取样探头至抽气泵的取样软管，最好能逐渐向上倾斜，以防止冷凝水流入抽气泵，弄湿滤纸。

2）取样软管的内径和长度有规定，不能随意更换管子。

3）测取滤纸染黑度时，要注意光电传感器与滤纸贴紧。

4）为保护硒光电池的光敏层，光电传感器不用时应该套上测头盖或避开强光放置。

5）指示装置不用时，应把测量开关打到“关”的位置，以免在移动或运输时损坏电表表头。

6）指示装置应避免在有振动和湿度大的地方放置。

7）滤纸和校正用标准纸不要放置在日光下暴晒或灰尘多的地方。

（4）废气分析仪和烟度计的维护

1）测定器不能放置在振动大和倾斜的地方，应避免日光直射或潮湿。

2）标定废气分析仪的标准气体毒性较强，应妥善保管。

3）烟度计的滤纸和校正用标准纸（烟度卡）不要存放在日光直射和灰尘多的地方，应定期更换校正用的标准纸（烟度卡）。

4）导管长度规定为 5 m，不能随意加长和缩短。

思考与练习

1. 汽车的主要排放污染物有哪些？
2. 影响汽车污染物排放量的因素有哪些？
3. 检测汽车污染物排放量的设备有哪些？

课题二　汽车噪声检测

◆ 掌握汽车噪声指标及其主要影响因素。

◆ 了解声级计的种类、结构及基本原理。

◆ 掌握各种类型汽车噪声的检测方法。

想一想

汽车噪声对于乘员和周围环境带来了干扰。汽车噪声的来源很多，例如，发动机噪声、汽车行驶带来的风噪、轮胎的噪声、汽车部件的共振噪声等。那么，通过哪些因素去评价汽车的噪声水平呢？

通常通过以下几个方面来评价，如车内噪声、车外噪声、汽车喇叭声、汽车定置时的排气噪声和发动机噪声等，这些声音越大，带来的噪声污染就会更严重。

根据噪声的类型不同，检测的要求也不同，那么检测过程中都要用到哪些仪器和设备？怎样测量呢？

一、汽车噪声指标

汽车噪声（Car noise）即汽车行驶在道路上时，内燃机、喇叭、轮胎等都会发出大量的人类不喜欢的声音。汽车噪声严重影响人的身体健康。近年来，城市机动车辆增长很快，伴随而来的交通噪声污染环境现象也日益突出。专家认为，汽车对环保最大的危害是噪声污染。实际上，城市最吵闹的噪声排第一位的应属汽车喇叭声。

汽车噪声包括车内噪声、车外噪声、汽车喇叭噪声和汽车定置噪声等。

1．车内噪声

车内噪声是影响驾驶员的舒适度、听觉损害程度、语言清晰度及对车外各种音响信号识别能力的重要因素。目前，我国仅制定了匀速行驶车内噪声试验方法，欧洲、美国、日本等国家除制定了匀速行驶车内噪声试验方法，还制定了车辆加速行驶和车辆停止状态下发动机怠速工况和加速工况对车内各个区域位置影响的测量方法。

2．车外噪声

车外噪声能反映出汽车在正常工况下车辆的最大噪声，特别是在市区行驶时的最大噪声。目前，车外噪声已被大部分工业国列入汽车定型试验的必测项目，成为考核汽车整体噪声的主要指标，其值也基本反映了各国在控制汽车噪声方面所能达到的技术水平。

3．汽车喇叭噪声

汽车产生的噪声几乎占交通噪声的80%左右。喇叭噪声是汽车噪声的主要噪声源，因此，汽车喇叭声级是衡量汽车性能的重要指标之一。将汽车喇叭声级限制在一定范围内也成了车辆生产、维修及车辆安全性能检测部门的一项重要工作。

4．汽车定置噪声

汽车定置噪声检测主要针对排气噪声和发动机噪声。欧洲、美国、日本的车型试验中都规定车辆必须进行定置噪声测量，我国汽车定置噪声测量依据国家标准《声学 机动车辆定置噪声测量方法》（GB/T 14365—1993）。

二、影响汽车噪声的因素

汽车噪声的大小是衡量汽车质量水平的重要指标，它反映出汽车的质量和技术性能的高低。汽车是一个包括各种不同性质噪声的综合噪声源，按噪声产生的过程和原理，主要分为与发动机有关的噪声和与汽车行驶有关的噪声。

1．与发动机有关的噪声

与发动机有关的噪声主要有发动机进气与排气噪声、冷却风扇噪声、发动机燃烧噪声和机体各部件振动辐射噪声。另外，还包含其附件，如发电机、空压机、机油泵、水泵等辐射的噪声。

2．与汽车行驶有关的噪声

与汽车行驶有关的噪声主要有传动系噪声、轮胎转动噪声、车体（或车身）各部件在发动机和路面不同的激励下的振动辐射噪声，另外还包括制动器噪声、车身和空气相对运动而产生的气流噪声等。

这些噪声随着汽车和发动机形式不同而不同，还与使用过程中的车速、发动机转速、加速状态、载荷及道路条件有关。这些噪声的发生都是被动的，只要车辆行驶就会产生噪声。不同类型汽车噪声的特性及各噪声所占整车噪声能量的比率差异很大。以往的研究结果表明：发动机噪声所占的比例最大，而随着路面条件改善，车辆高速行驶时轮胎噪声已成为另一个主要噪声源。近年来，国内外工程技术人员通过采用声强测量等各种现代试验手段和分析技术，对汽车综合噪声的构成有了大致了解，但由于影响汽车噪声的因素很复杂，使控制汽车噪声仍然十分困难。

三、汽车噪声检测设备

测量噪声的检测设备主要是声级计，下面对声级计进行简单介绍。

声级计如图 4—2—1 所示，是最基本的噪声测量仪器，它是一种电子仪器，但又不同于电压表等客观电子仪表。声级计在把声信号转换成电信号时，可以模拟人耳对声波反应速度的时间特性；对高低频有不同灵敏度的频率特性，以及在不同响度时改变频率特性的强度特性。

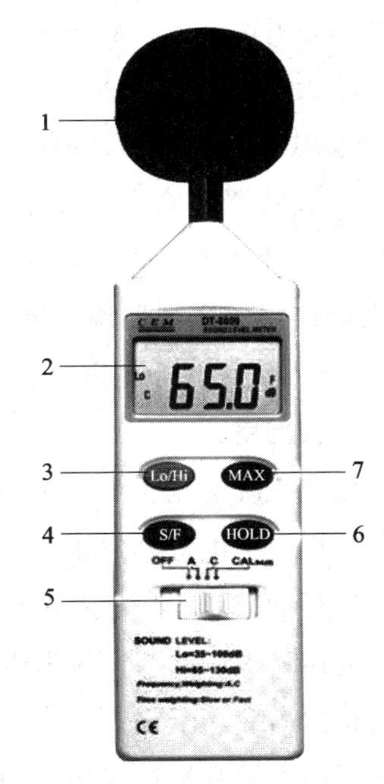

图 4—2—1　声级计示意图

1—风罩　2—LCD 显示屏　3—量程选择键 Lo/Hi　4—时间响应键 S/F　5—电源开关键　6—数据保持键 HOLD　7—最大值保持键 MAX

1．分类

按照声级计的灵敏度可将其分为两大类，一类是普通声级计；另一类是精密声级计。按照声级计的用途不同可分为两类：一类用于测量稳态噪声；一类则用于测量不稳态噪声和脉冲噪声。

2．工作原理

声级计由传声器将声音转换成电信号，再由前置放大器变换阻抗，使传声器与衰减器匹配。放大器将输出信号加到计权网络，对信号进行频率计权（或外接滤波器），然后再经衰减器及放大器将信号放大到一定的幅值，送到有效值检波器（或外接电平记录仪），在指示表头上给出噪声声级的数值。

3．组成

声级计一般由电容式传声器、前置放大器、衰减器、放大器、频率计权网络、检波器以及有效值指示表头等组成。

（1）传声器

传声器是把声压信号转变为电压信号的装置，也称为话筒，它是声级计的传感器。常见的传声器有晶体式、驻极体式、动圈式和电容式等。

（2）放大器与衰减器

一般采用两级放大器，即输入放大器和输出放大器，其作用是将微弱的电信号放大。输入衰减器和输出衰减器是用来改变输入信号的衰减量和输出信号的衰减量，以便使表头指针指在适当的位置。输入放大器使用的衰减器调节范围为测量低端，输出放大器使用的衰减器调节范围为测量高端。许多声级计的高端与低端以 70 dB 为界限。

（3）计权网络

为了模拟人耳听觉在不同频率有不同的灵敏性，在声级计内设有一种能够模拟人耳的听觉特性，把电信号修正为与听感近似值的网络，这种网络称为计权网络。通过计权网络测得的声压级，已不再是客观物理量的声压级（称为线性声压级），而是经过听感修正的声压级，称为计权声级或噪声级。

（4）检波器和指示表头

检波器的作用是把迅速变化的电压信号转变成变化较慢的直流电压信号。这个直流电压的大小要正比于输入信号的大小。根据测量的需要，检波器有峰值检波器、平均值检波器和均方根值检波器等几种。峰值检波器能给出一定时间间隔中的最大值，平均值检波器能在一定时间间隔中测量其绝对平均值。除脉冲声需要测量峰值外，在多数的噪声测量中均是采用均方根值检波器。

四、汽车噪声检测

1．车内噪声的检测

（1）测量要求

汽车车内噪声测量依据国家标准《声学 汽车车内噪声测量方法》（GB/T 18697—2002）的相关规定。在车内人耳旁附近布置测点取最大值；在附加专项测量中，优先采用 1/3 或者 1/1 倍频声压级，至少要覆盖“45 Hz～11 200 Hz”对汽车车内 A 计权噪声进行测量，分别读取最大值的平均值。车内噪声测量时应满足以下条件。

1）测量跑道应有足够试验所需的长度，应是平直、干燥的沥青路面或混凝土路面。

2）测量时风速（指相对于地面）应不大于 3 m/s。

3）测量时车辆门窗应关闭。车内带有其他辅助设备是噪声源时，测量时是否开动此设备，应按正常使用情况而定。

4）车内本底噪声比所测车内噪声至少低 10 dB，并保证测量不被偶然的其他声源所干扰。

5）车内除驾驶员和测量人员外，不应有其他人员。

6）车内噪声测量通常在人耳附近布置测点，话筒应朝向车辆前进方向。

7）驾驶室车内噪声测量位置为驾驶员座位上方 750 mm±10 mm，靠背前方 200 mm±50 mm。

8）载客车室内噪声测点可选在车厢中部及最后排座的中间位置，测量高度为座位上方 750 mm±10 mm。

（2）车内噪声的测量方法

1）车辆以常用挡位、50 km/h 以上不同车速匀速行驶，分别进行测量。

2）用声级计“慢”挡测量 A、C 计权声级，分别读取表头指针最大读数的平均值。

3）做车内噪声频谱分析时应包括中心频率为 31.5 Hz、63 Hz、125 Hz、250 Hz、500 Hz、1 000 Hz、2 000 Hz、4 000 Hz、8 000 Hz 的倍频带，依次测量各中心频率下的噪声级。

（3）噪声限值

国家标准《机动车运行安全技术条件》（GB 7258—2012）中规定了客车车内匀速噪声（50 km/h）≤79 dB（A）。此标准适用于所有的 M 类和 N 类汽车（三轮汽车和低速货车除外）。

2．驾驶员耳旁噪声的检测

（1）测量要求

1）汽车空载，处于静止状态且置变速器于空挡，发动机应处于额定转速状态，门窗紧闭。

2）测量位置应符合国家标准《声学 汽车车内噪声测量方法》（GB/T 18697—2002）的规定。

3）车内本底噪声比所测车内噪声至少低 10 dB，并保证测量不被偶然的其他声源所干扰。

4）声级计置于“A”计权、“快”挡进行测量。

（2）噪声限值

国家标准《机动车运行安全技术条件》（GB 7258—2012）中规定了汽车驾驶员耳旁噪声声级≤90 dB（A），此标准适用于所有的 M 类和 N 类汽车（三轮汽车和低速货车除外）。

3．喇叭噪声的检测

（1）测量标准和要求

依据国家标准《机动车用喇叭的性能要求及试验方法》（GB 15742—2001）和《机动车运行安全技术条件》（GB 7258—2012），喇叭应发出连续而均匀的声响，不得有嘶哑声和振扰声。

（2）测量方法

1）将声级计置于车前 2 m、离地高 1.2 m 处，且传声器指向被检车辆驾驶员位置。

2）按使用说明书要求，将计权开关打到“A”和“快”挡位置。

3）检测环境本底噪声应＜80 dB（A）。

4）按喇叭连续发声 3 s 以上，读取检测数据。

（3）噪声限值

汽车喇叭噪声限值为 90 dB（A）～115 dB（A）。

4．车外噪声的检测

（1）测量标准和要求

汽车加速行驶车外噪声依据国家标准《汽车加速行驶车外噪声限值及测量方法》（GB 1495—2002），对汽车车外噪声进行测量 A 级计权声级，分别读取最大值的平均值。

（2）测量方法

1）测量场地和测量区及传声器的布置如图 4—2—2 所示。

2）图中，O 点为测量区的中心，加速段长度为 2×(10 m±0.05 m)，AA'线为加速始端线，BB'线为加速终端线，汽车沿行驶中心线行驶，

3）传感器布置在离地面高为 1.2 m±0.02 m，距离行驶中心线 CC'为 7.5 m±0.05 m 处，其参考轴线必须水平并垂直指向行驶中心线 CC'。要求汽车前端到达 AA'线时，节气门全开，并保持不变通过测量区域。

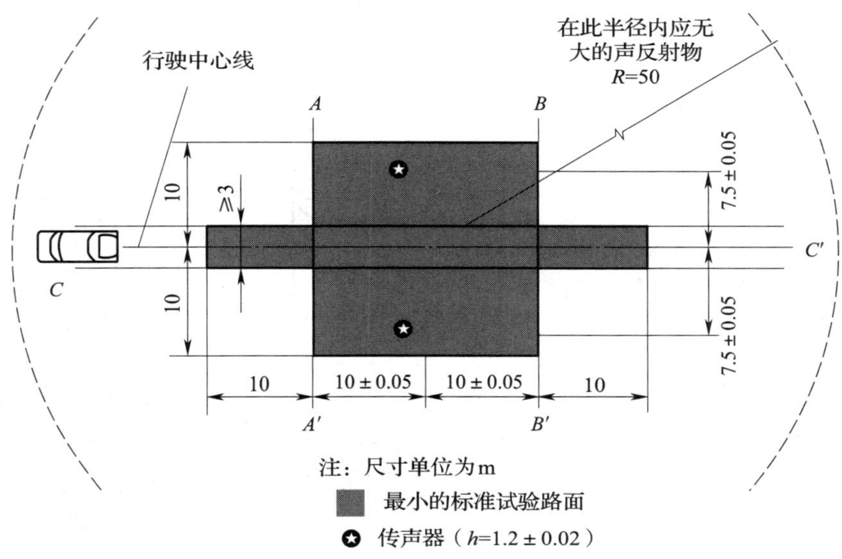

图 4—2—2　车外噪声的测量场地和测量区及传声器的布置

4）汽车每一侧至少测量四次（每次相差不大于 2 dB 有效）。

5）加速行驶测量区取最大值 A 声级，每次减 1 dB 为测量结果。

6）每挡每侧测四次平均值，然后取两侧平均值中较大的一个作为中间结果。

（3）噪声限值

噪声限制见表 4—2—1。

表 4—2—1　　**汽车加速行驶车外噪声限值**　　dB

汽车分类	噪声限值	
	第一阶段	第二阶段
	2002—2004 年生产的汽车	2005 年以后生产的汽车
M1	77	74
M2	78/79	76/77
M3	82/85	80/83
N2	83/86/88	81/83/84
M、M1、M2、M3、N2 按汽油、柴油及功率 kW 分为不同类型		

5．汽车定置噪声的检测

（1）测量标准和要求

汽车定置噪声测量依据国家标准《声学 机动车辆定置噪声测量方法》（GB/T 14365—1993）的规定，要求对汽车排气噪声和对发动机噪声进行测量。

（2）测量方法

1）排气噪声测量

①传声位置（见图 4—2—3）

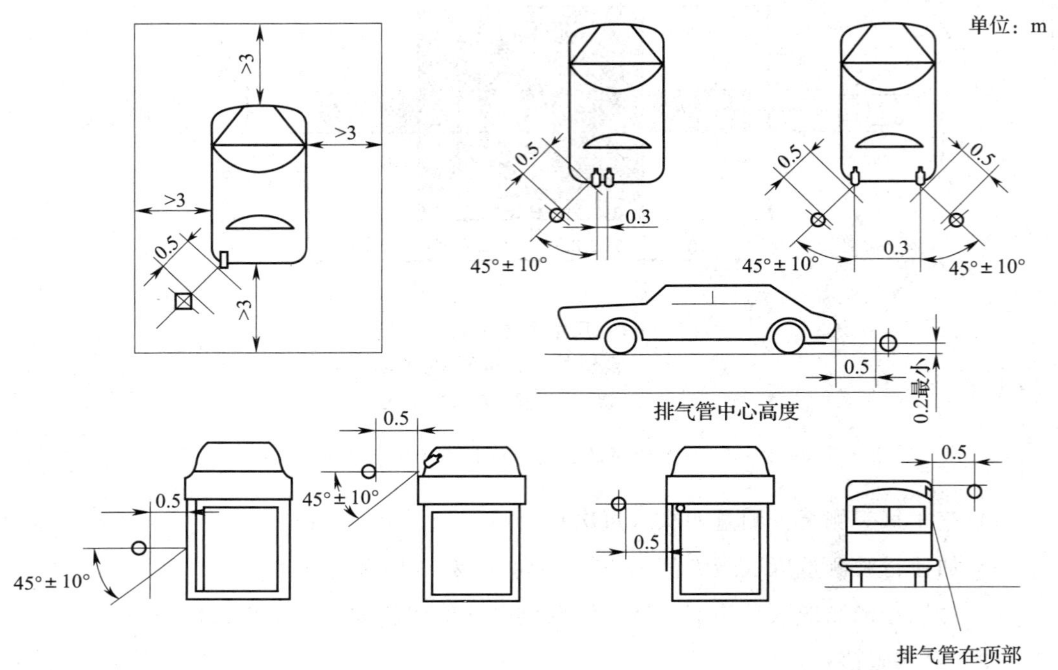

图 4—2—3　排气噪声的测量场地和传声器位置

a）传声器与排气口端等高，在任何情况下距地面不得小于 0.2 m。

b）传声器的参考轴应与地面平行，并和通过排气口气流方向且垂直地面平面成 45°±10°的夹角。传声器朝向排气口，距排气口端为 0.5 m，放在车辆外侧。

c）车辆装有两个或更多个排气管，且排气管之间的间隔不大于 0.3 m，并连接于一个消声器时，气管同时在垂直于地面的直线上，则选择离地面最高的一个排气管。

d）装有多个排气管，并且各排气管之间的间隔大于 0.3 m 的车辆，对每一个排气管都要测量，并记录下其最高声级。

e）排气管垂直向上的车辆，传声器放置高度应与排气管口等高，传声器朝上，其参考轴应垂直于地面。传声器应放在离排气管较近的车辆一侧，并距排气口为 0.5 m。

f）车辆由于设计原因（如备胎、油箱、蓄电池等）不能按上述 a）b）的要求放置时，应画出测点图，并标注传声器选择的位置。传声器朝向排气口，放在尽可能满足条件，并距最近障碍物大于 0.2 m 的地方。

②发动机运转条件

a）发动机测量转速：汽油机车辆取 3/4 nr±50 r/min；柴油机车辆取 3/4 nr±50 r/min。

nr 指生产厂家规定的发动机额定转速。

b）测量时，发动机稳定在上述转速后，测量由稳定转速尽快减速到怠速过程的噪声，然后记录下最高声级。

2）发动机噪声测量

①传声位置（见图 4—2—4）

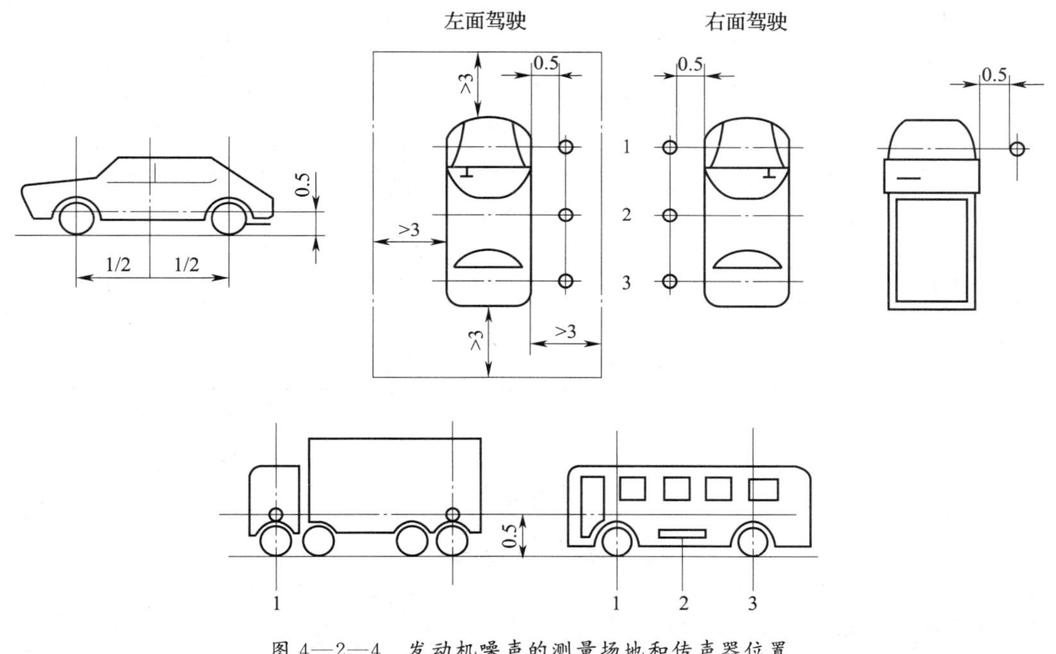

图 4—2—4　发动机噪声的测量场地和传声器位置

1—前置发动机　2—中置发动机　3—后置发动机

a）传声器放置高度距地面为 0.5 m，并朝向车辆，放在没有驾驶员位置的车辆一侧。

b）距车辆外廓为 0.5 m，传声器参考轴平行于地面，位于一垂直平面内，该垂直平面的位置取决于发动机的位置。

前置发动机：垂直平面通过前轴。

中置发动机：垂直平面通过前后轴距的中点。

后置发动机：垂直平面通过后轴。

②发动机运转条件

a）测量时，发动机从怠速尽可能快地加速到前面所规定的转速，并用一种合适的装置保持必要长的时间。

b）测量由怠速加速到稳定转速过程的噪声，然后记录下最大噪声。

（3）噪声限值

噪声限值依据国家标准《汽车定置噪声限值》（GB 16170—2004），见表 4—2—2，本标准适用于城市道路允许行驶的在用汽车噪声限值。

表 4—2—2　　汽车噪声标准　　dB（A）

<table>
<tr><th rowspan="2">车辆类型</th><th rowspan="2" colspan="2">燃料种类</th><th colspan="2">车辆出厂日期标准限值</th></tr>
<tr><th>1998 年 1 月 1 日前</th><th>1998 年 1 月 1 日起</th></tr>
<tr><td>轿车</td><td colspan="2">汽油</td><td>87</td><td>85</td></tr>
<tr><td>微型客车、货车</td><td colspan="2">汽油</td><td>90</td><td>88</td></tr>
<tr><td rowspan="2">轻型客车</td><td rowspan="2">汽油</td><td>nr≤4 300/min</td><td>94</td><td>92</td></tr>
<tr><td>nr≥4 300/min</td><td>97</td><td>95</td></tr>
<tr><td>中型客车货车越野车</td><td colspan="2">柴油</td><td>100</td><td>98</td></tr>
<tr><td rowspan="2">货车、大型客车</td><td colspan="2">汽油</td><td>97</td><td>95</td></tr>
<tr><td colspan="2">柴油</td><td>101</td><td>103</td></tr>
<tr><td rowspan="2">重型货车</td><td colspan="2">N≤147 kW</td><td>101</td><td>99</td></tr>
<tr><td colspan="2">N≥147 kW</td><td>105</td><td>103</td></tr>
</table>

注：nr—汽车发动机额定转速；N—汽车牵引功率。

思考与练习

1. 汽车的噪声指标有哪些？
2. 影响汽车噪声的因素有哪些？
3. 检测汽车噪声的设备有哪些？

模块五

汽车其他性能检测

课题一　汽车前照灯检测

学习目标

◆ 掌握汽车前照灯检测指标及其主要影响因素。

◆ 了解汽车前照灯检测设备的种类、结构及基本原理。

◆ 能够正确使用前照灯检测设备对汽车前照灯进行检测。

想一想

汽车灯光对于行车安全至关重要，现代汽车的灯光控制技术日新月异，例如可以自动开关灯光，自动变换照射亮度，自动变换照射角度等，那么，怎么评价一辆汽车的灯光是否合格呢？

评价一辆车的灯光是否合格，主要有两个因素，一个是照射的角度范围要集中在能给驾驶员提供有效信息的范围，不能对别的交通参与者造成干扰；另一个是照射的亮度要足够，太暗了会看不清楚路面。

汽车前照灯的检测过程都要用到哪些仪器和设备？怎样测量呢？

一、汽车前照灯检测指标

根据《机动车运行安全技术条件》（GB 7258—2012）的规定，汽车前照灯的检测指标为光束照射位置的偏移值和发光强度（cd）。

1．光束照射位置的偏移值

如果把前照灯最亮的地方看作是光束的中心，则它对水平、垂直坐标轴交点的偏离即表示它的照射位置的偏移，其偏移的尺寸就是光束照射位置的偏移值，也称光轴的偏移量。

在距离前照灯 10 m 的地方垂直放置一屏幕，如图 5—1—1a 所示，以前照灯中心的位置画一水平、垂直坐标轴并平移到屏幕上，把光束最亮的地方或非对称配光光束的明暗截止线转角看作是光束的中心，那么光束的中心相对于坐标轴焦点的偏移程度就称为光轴的偏移量（参数见 5—1—1b）。

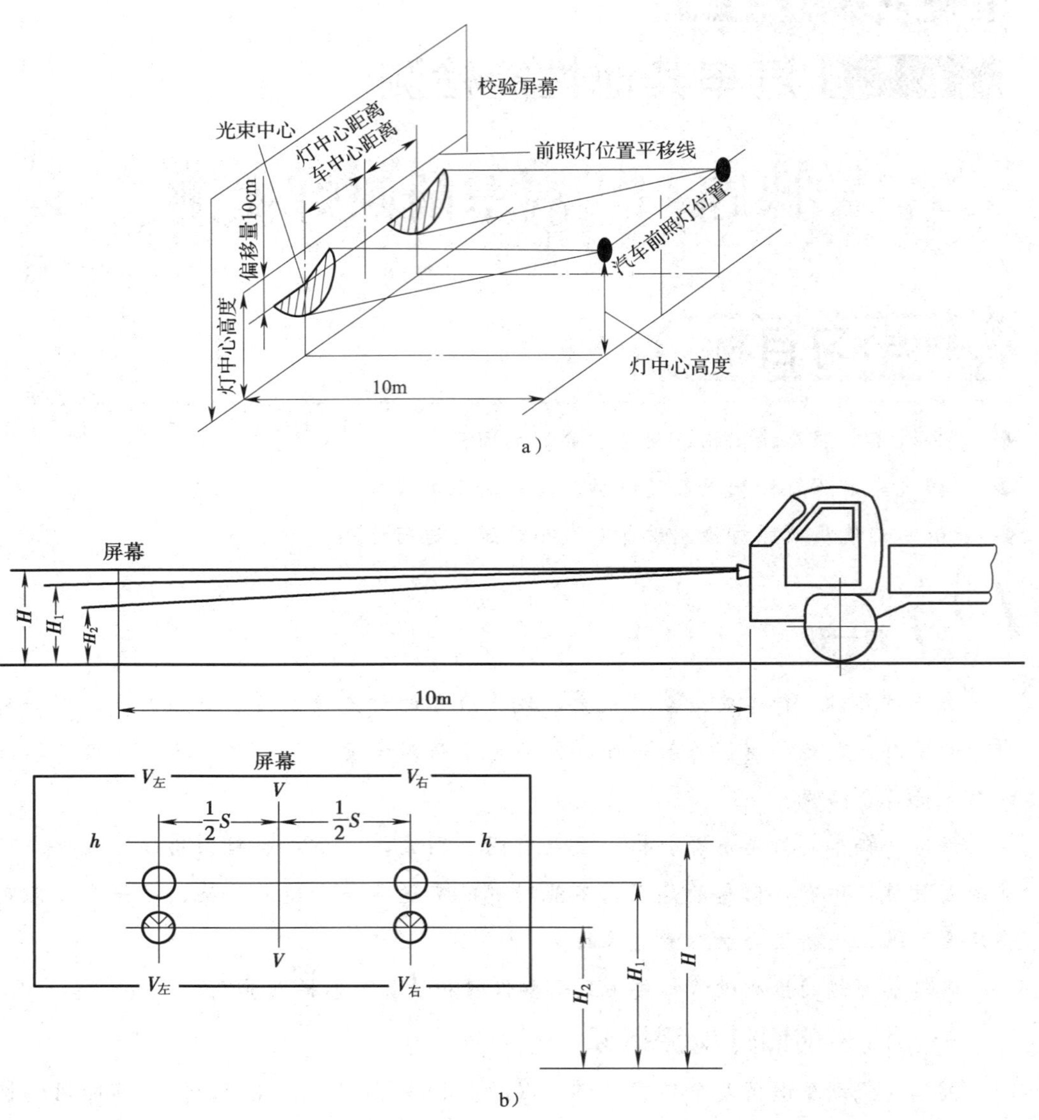

图 5—1—1　光束照射方位的偏移值

a）光轴偏移量示意图　b）光轴偏移量的检测图

2．发光强度

发光强度是度量光源发光强弱的物理量，其单位为坎德拉，用符号 cd 表示。按国际标准单位 SI 的规定，一个子光源在给定方向上发出频率为 540×10^{12} Hz 的单色辐射，且在此方向上的辐射强度为每球面度 1/683 W 时，则此光源在该方向上的发光强度为 1 cd。

二、影响汽车前照灯的因素

汽车前照灯的质量、前照灯的照射位置及调整方法和前照灯的日常维护等是影响前照灯技术状况的重要因素。

1．汽车前照灯的质量

前照灯必须具备良好的质量，因为它是前照灯技术状况良好的重要前提条件。国家标准对前照灯的性能要求包括配光特性（见图 5—1—2）、发光强度和照射方向三部分。前照灯配光特性越好，照射距离适当，车辆行驶时的安全性就会越高。前照灯应严格按照配光要求及光学原理设计，其反射镜形状、配光镜上的光学单元及光源在灯具中的定位，确定了前照灯的光形分布。在组装这些组件时，如果产生偏差将会影响前照灯的检测结果。所以说，前照灯的质量是影响前照灯检测结果的重要因素。

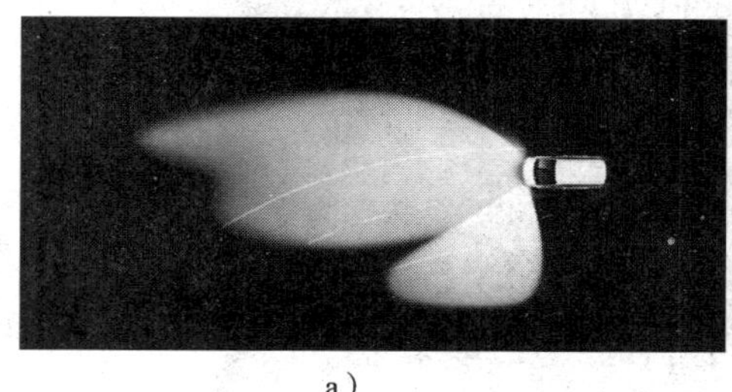

a)

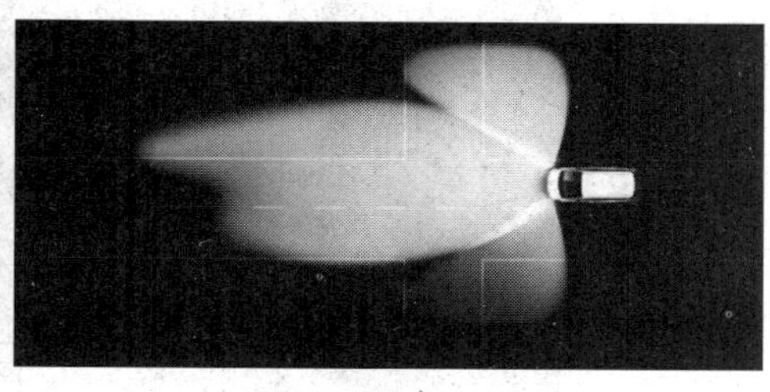

b)

图 5—1—2　前照灯在不同行驶状态下的配光特性

a）左转弯时的配光　b）直行时的配光

2．前照灯的照射位置及调整方法

（1）前照灯的照射位置

前照灯必须有足够的发光强度和正确的照射方向，如图 5—1—3 所示是对车灯照射高度的要求。由于汽车在行驶过程中受到振动，可能导致前照灯部件的安装位置发生变动，从而使光束改变了正确的照射方向。另外，悬架系统的变形及轮胎气压的变化、轮胎的磨损异常等因素都会造成车辆产生上下或左右方向的偏斜，导致前照灯改变光轴的方向。前照灯的光轴照射位置偏斜会影响前照灯的检测结果，因此，车辆在检测前要对前照灯的照射位置偏斜情况进行调整，确保其正常的技术状况。实践证明，这样可以大大地提高前照灯检测合格率，提升检测质量。

（2）前照灯的调整方法

车辆在正常情况下，前照灯光束不应分散或上下错位，也不应直射对方，避免使对面车辆驾驶员炫目或车辆近距离照明亮度不足。而车辆在日常使用中，常常因更换灯泡、灯座及反射镜的调整螺栓松动等原因导致光轴跑偏，所以必须进行检查和正确的调整，如图 5—1—4 所示。车辆前照灯光束的位置调整可以通过前照灯上下或左右调整螺栓来进行。

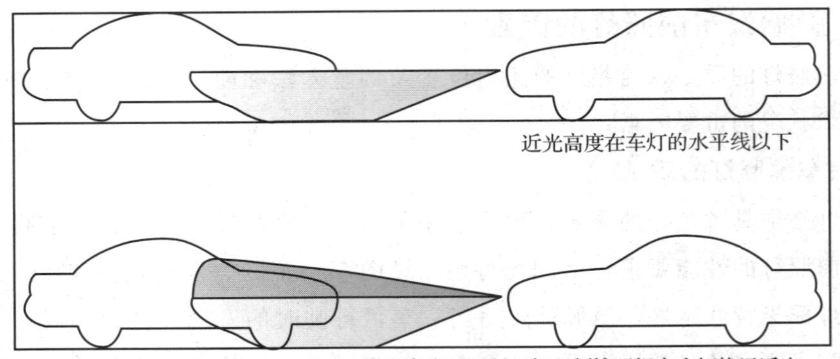

图 5—1—3 对车灯照射高度的要求

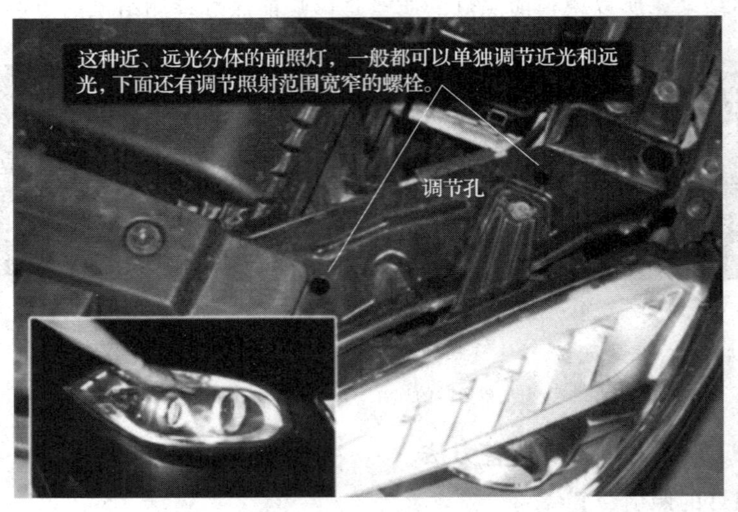

图 5—1—4 前照灯的调整方法

使用前照灯检测仪对前照灯进行调整时，应按照规定充足轮胎气压，使车辆处于空载状态停放在平坦的路面上，确保车身水平正直对准前照灯检测仪，待检测出前照灯的左右、上下偏移量，查看是否符合标准。若不符合，则应进行相应的调整。若不具备上述条件，可以采用以下简易方法进行调整：将空载状态的车辆停在平坦的路面上，轮胎气压正常，车辆对准幕墙，并保持一段距离。在幕墙上面画出三条铅垂线，一条为中心垂线，需与车辆的中心线对正，另外两条垂线分别位于中心垂线的两侧，与中心垂线之间的相隔距离均为两只前照灯中心间距的一半，如图 5—1—5 所示。开启前照灯，调整时应以一只灯为单位调整，首先遮蔽其他前照灯，使其发出的光束中心正好

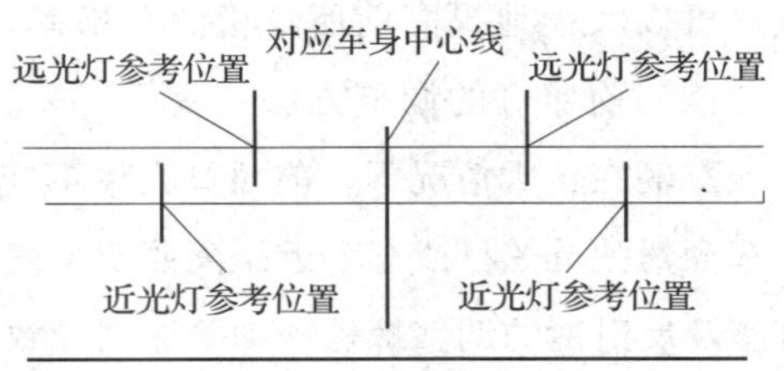

图 5—1—5 前照灯调整参考线

分别对准左、右垂线与水平线的交点。还应注意的是，车辆在行驶一定里程或是每次更换前照灯灯泡时，应该检查并及时调整前照灯的灯光，确保其有适当的照射距离，并且光束不偏斜。

3．前照灯的日常维护

前照灯用久了以后，可能会因灯泡老化等因素而影响其使用效果，因此，定期对前照灯进行检查和维护，保持其良好的技术状况，是十分必要的。前照灯日常检查和维护的内容如下：

（1）检查各接线、搭铁线应牢固接触，各接线不应存在氧化锈蚀或虚接现象，否则会导致前照灯不亮或光线微弱。

（2）检查前照灯的密封性是否良好，以防灰尘及潮气侵入，致使反射镜污染或生锈，使其失去光泽，降低反射效率。更换灯泡或配光玻璃时手指不要触及反射镜镜面，应保持反射镜清洁。

（3）检查灯泡是否老化，质量是否符合要求，光度偏低时应及时更换灯泡，以便恢复原来的技术状况。

（4）检查灯具玻璃是否清洁，如不清洁，可通过清洗来清除前照灯上的脏污；若因玻璃老化而导致雾化，则应视情况更换灯具玻璃或整组灯具。

三、汽车前照灯检测设备

前照灯检测仪是用来检测机动车前照灯配光性能和照射方向好坏的仪器。因检测方法的不同，检测仪在结构上略有差异，按光学测量方式不同可分为聚光式、投影式和自动跟踪光轴式（用光电池或 CCD 等作传感器）等；按测试方法和功能不同可分为手动、电动、远光光轴自动跟踪式、远近光自动跟踪光轴式等。

1．投影式前照灯检测仪

投影式前照灯检测仪如图 5—1—6 所示。仪器主体由车架和光接收箱两部分构成（如南华产 QD—100 型、佛山产 FD—2 型）。光接收箱用以接收被检前照灯的光束并进行检测。光接收箱安装在立柱上，可沿立柱由电动机驱动（或摇动手轮）上下移动，并可在地面上沿轨道左右移动，其外形结构如图 5—1—6 所示。检测时，仪器一般放在汽车前照灯前方 3 m 处。

由被检前照灯发出的光束经聚光透镜会聚后，由反射镜反射到屏幕上。屏幕呈半透明状态，在屏幕上可看到光束的光分布图形。该图形近似于在 10 m 屏幕上观察到的光分部特性。屏幕上对称分布五个光电池，如图 5—1—7 所示。NO. 1 及 NO. 2 用以检测垂直方向的光分布情况，其输出电流经转换成电压后，连接到垂直方向的指示表上。通过旋转上下刻度盘，使反光镜移动，从而使 NO. 1 及 NO. 2 输出信号相等，上下指示表

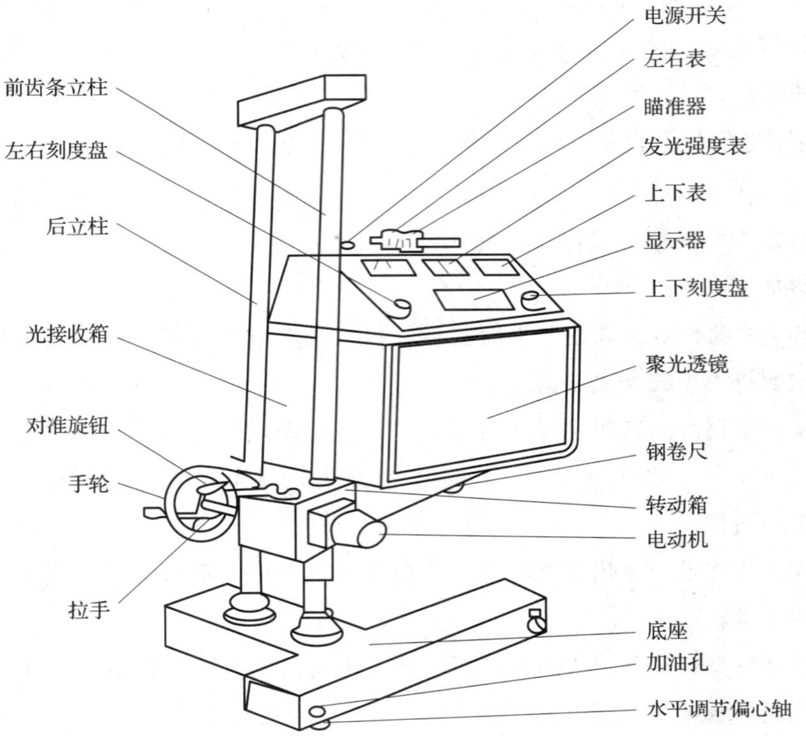

图 5—1—6　投影式前照灯检测仪的结构

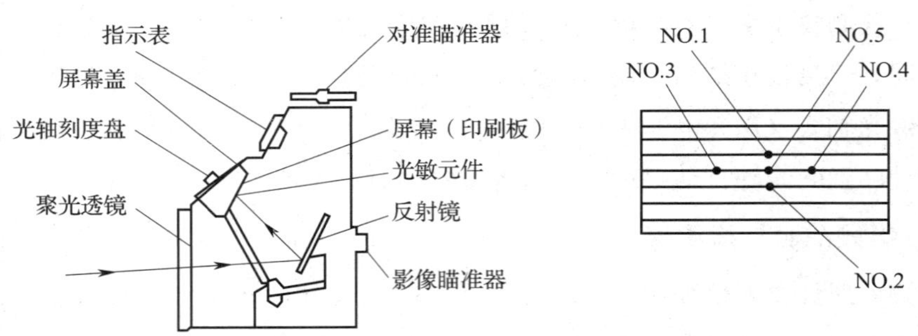

图 5—1—7　光接收箱内部结构图和硅光电池板

指示为零。此时上下刻度盘指示出光轴偏移量的数值。NO. 3 及 NO. 4 用以检测左右方向的光分布情况，其原理同上，由左右刻度盘指示出光轴偏移量。NO. 5 用以检测发光强度，其输出放大后由发光强度指示表指示发光强度数值。

2. 自动跟踪光轴式前照灯检测仪（单测远光）

自动跟踪光轴式前照灯检测仪也叫全自动远光检测仪，它能自动跟踪光轴。

仪器外形如图 5—1—8 所示，主要由驱动机构及光接收箱构成（如佛山产全自动 FD—1 型、南华产全自动 QD—300 型）。底箱内装有左右方向驱动系统及垂直方向牵引系统，以驱动仪器整机做左右方向运动及牵引光接收箱做垂直方向运动。仪器可沿导轨左右移动整个设备。

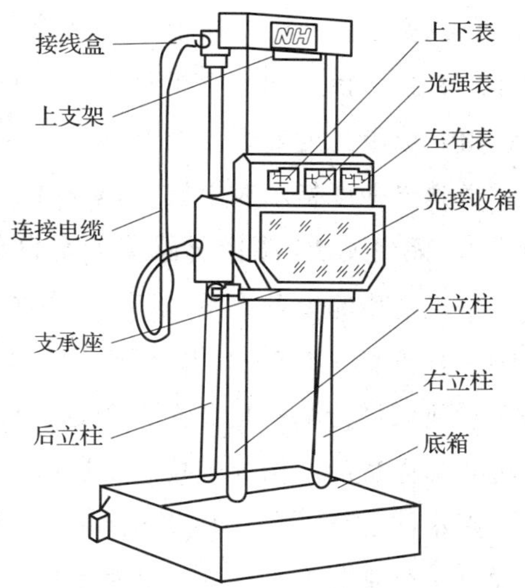

图 5—1—8　自动跟踪光轴式前照灯检测仪的结构

在光接收箱内部有一个透镜组件，如图 5—1—9 所示。在光接收箱的正面装有上下左右四个光电池，用作光轴追踪。当上下光电池受到的光照度不同时，产生的偏差信号驱动上下传动部件中的电动机，牵引光接收箱向光照平衡的位置移动。同样，左右光电池的偏差信号驱动左右传动部件中的电动机，使仪器向左或向右移动，直到光轴位置偏差信号为零时，检测仪停止移动，灯光的光轴处于光接收箱的中心。

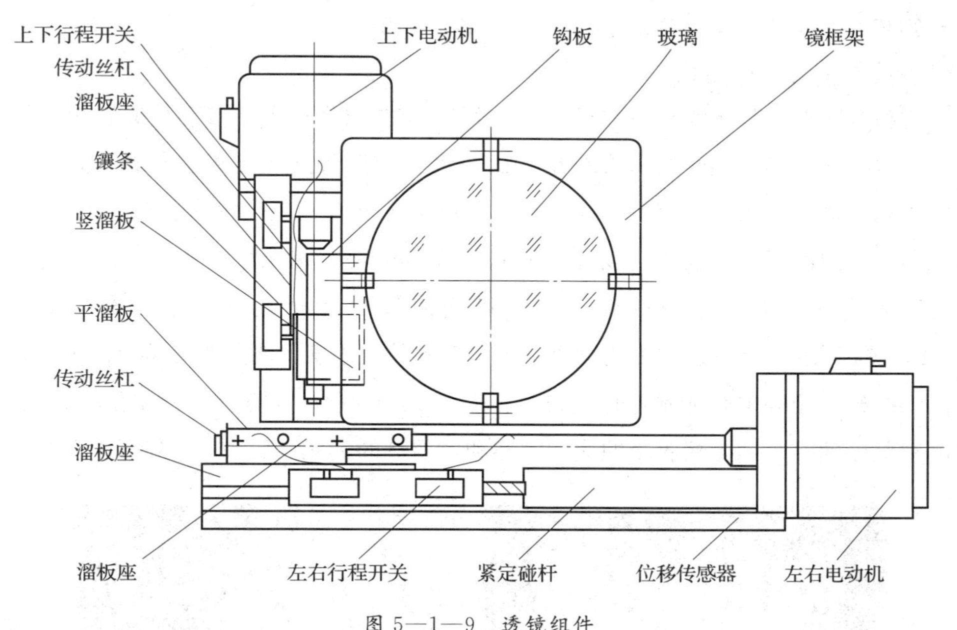

图 5—1—9　透镜组件

同时，在透镜后面有一组四象限光电池，当前照灯光束通过透镜聚光后，照射在这一光电池组的中央时，四光电池组产生的偏差信号为零（上下表和左右表指示为零）。如果在仪器定位于主光轴位置时，通过聚光透镜的光束偏离中心位置，必然会产生偏差信号。左右偏移的偏差信号驱动左右电动机使透镜移动，以减少这一偏差，也使得汇聚的光束向光电池组中心逼近。同样，上下偏移的偏差信号则驱动透镜在垂直方向上做调整，以使光点能在垂直方向逼近光电池组的中心。透镜在两个方向的位移量由分别安装在两个方向上的位移传感器检测，经电路放大处理后，分别将偏移量显示在左右指示表上和上下指示表上，并输出。前照灯发光强度在四象限光电池中心聚焦后由四象限光电池组与光照强度产生正比的电信号，经叠加后，再经过放大电路放大后送到光强度指示表上指示并输出。

3．采用CCD图像传感器的全自动前照灯远近光检测仪

常见的检测设备有南华厂生产的 QD—1003 型、NHD—6101 型远近光检测仪、浙大鸣泉生产的 QDC—1B 型远近光检测仪和佛山厂生产的 FD—103 型远近光检测仪。全自动前照灯检测仪是在全自动远光检测仪基础上结合 CCD 图像传感器（即 CCD 摄像机）和先进的图像处理技术发展而来的。

南华产 NHD—6101 型和佛山产 FD—103 型检测仪在透镜的前后安装有两个 CCD 摄像机，分别负责光轴的跟踪和前照灯配光性能及照射方向的分析，南华产 QD—1003 型检测仪在透镜后安装有一个 CCD 摄像机用于前照灯配光性能及照射方向的分析，而光轴的跟踪仍沿用以前的光电池方法。有的检测仪的立柱上装有扫描光电管阵列，其作用是扫描汽车前照灯的大概位置，以便光接收箱快速定位。

（1）前照灯光轴的定位原理

根据机动车前照灯远光或近光的配光特性、CCD 测量技术特点和聚光透镜的聚光特性，可以对进入仪器光接收箱未进行聚光的机动车前照灯远光光束进行拍摄，利用高性能计算机和先进的图像处理技术对整个光斑进行量化分析处理，找出前照灯的光轴中心，通过控制系统控制驱动电动机，使光接收箱的光学中心和前照灯的远光（或近光）光束中心准确重合。当光接收箱的光学中心和前照灯的远光光束中心准确重合时，如图 5—1—10a 所示，上下、左右电动机不动，仪器处于平衡状态；当光接收箱的光学中心和前照灯的远光光束中心不重合时，如图 5—1—10b 所示，计算计会发出指令，使上下、左右电动机走动，直到光接收箱的光学中心和前照灯的远光光束中心准确重合。

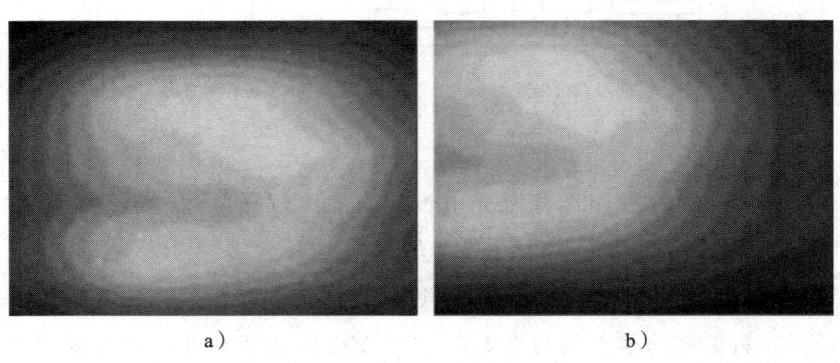

a）　　　　b）

图 5—1—10　远光光束中心未进行聚光时的灰度图像

a）光学中心和远光光束中心重合时　b）光学中心和远光光束中心不重合时

（2）偏角和光强的测量

对准光轴后，利用CCD对进入仪器光接收箱经过聚光透镜聚光后聚集在焦平面屏幕上的机动车前照灯远光光斑进行拍摄，利用高性能计算机和先进的图像处理技术对整个焦平面光斑进行量化分析处理，找出其光束中心，不同偏角的光束其光学中心成像在焦平面上的位置也不同；不同光强的点，其在图像上的灰度也不同，光强越强的点光斑越白，光强越小的点光斑越暗。FD—103型前照灯检测仪可以测出机动车前照灯远光灯的角度和发光强度。当机动车前照灯远光的偏角为0°时，远光（或近光）灯光束经过聚光透镜聚光后，其成像在焦平面的中心。聚光后焦平面的光分布图如图5—1—11a所示。当机动车前照灯远光的偏角不为0°时，远光灯光束经过聚光透镜聚光后，其成像在焦平面光学中心，其光分布图如图5—1—11b所示。

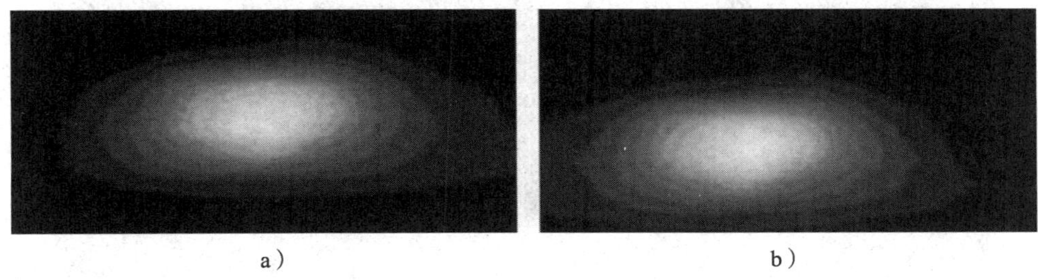

图5—1—11　聚光后焦平面的光分布图

a）远光的偏角为0°时　b）远光的偏角不为0°时

汽车前照灯的近光为非对称式，即光形分布有一条明显的明暗截止线。非对称式配光特性有两种：一种是在配光屏幕上，明暗截止线的水平部分在V—V线的左半边，右半边为水平线向上成15°的斜线，如图5—1—12a所示。另一种是明暗截止线右半边为水平线向上成45°斜线至垂直距离25 cm处转向水平的折线，由于明暗截止线呈Z形，也称Z形配光，如图5—1—12b所示。目前，我国汽车前照近光灯基本全采用Z形配光形式。

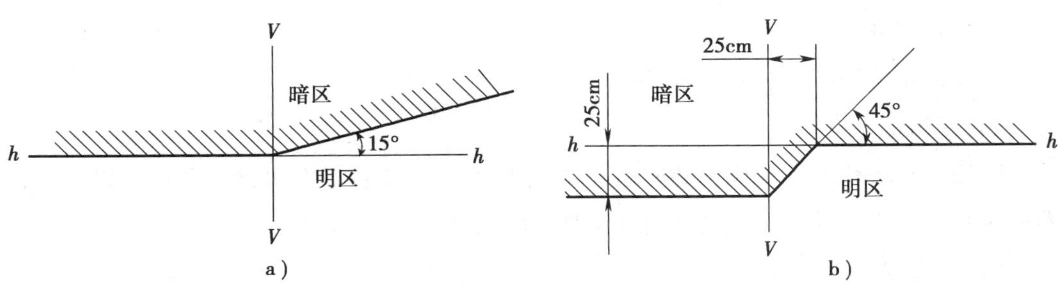

图5—1—12　非对称式配光特性

四、汽车前照灯的检测

1．检测前仪器及车辆准备

（1）检测仪受光面应清洁，轨道内无杂物。

（2）车辆轮胎气压符合标准规定，前照灯玻璃应清洁。

2．检测步骤

由于每一种检测仪的使用方法略有不同，下面以南华生产的NHD－6108型全自动前照灯检测仪（见图5—1—13）为例进行说明。

图5—1—13　南华产NHD－6108型全自动前照灯检测仪

NHD－6108型全自动前照灯检测仪（以下简称“仪器”）配备有由数字信号处理器（DSP）组成的数据处理及自动控制系统。在无人干预的情况下，可自动导入被检前照灯光照区，自动对准被检前照灯，自动检测被检前照灯发光强度、灯高及远近光照射方向，并可对四灯制或两灯制的前照灯进行自动测量，检测结果自动输出，是一种具备智能化功能的前照灯检测仪。其具有使用方便、测量准确、工作可靠、自动化程度高等优点，特别适用于机动车检测站和汽车厂使用。其校准、设置操作采用液晶显示屏提示，方便快捷。

（1）仪器的组成

仪器的组成如图5—1—14所示。

1）底箱

底箱是整台仪器的基座，装有水平方向驱动系统及垂直方向驱动系统，以驱动仪器做水平方向运动及牵引光接收箱做垂直方向运动。

2）左右限位开关

用于限制仪器在导轨上的运动范围。

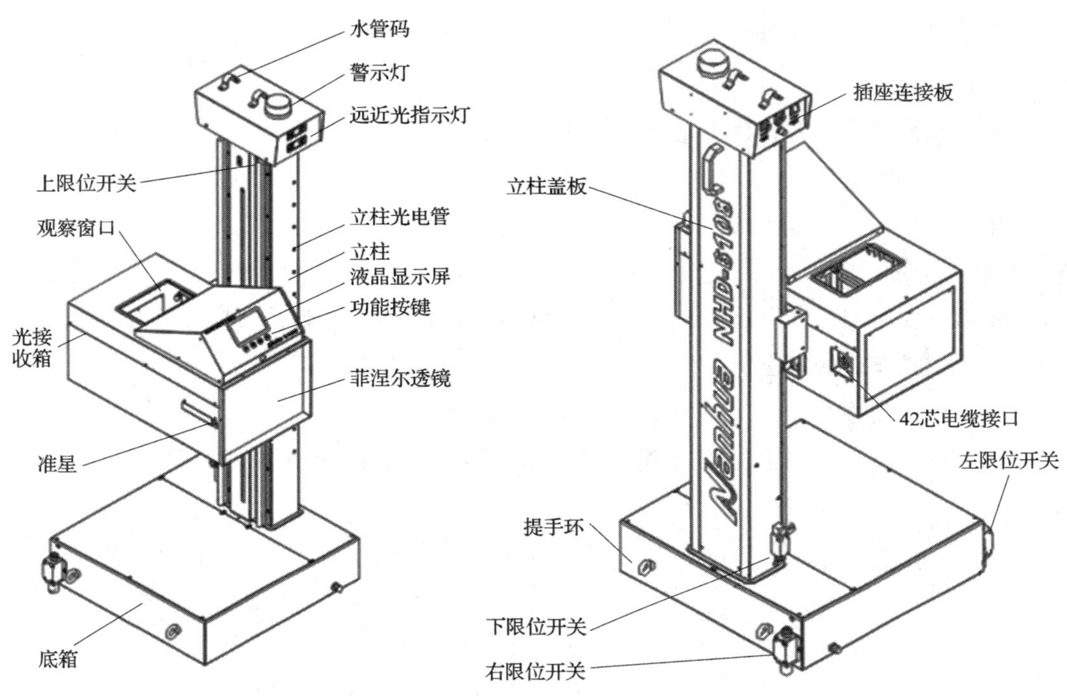

图 5—1—14 南华产 NHD—6108 型全自动前照灯检测仪的组成

3）上下限位开关

用于限制光接收箱上升和下降的范围。

4）立柱

立柱是光接收箱垂直运动的支承导向柱。立柱内还安装有电气系统的控制电路板，立柱表面安装有扫描光电管。

5）光接收箱

光接收箱内装有光电检测元件及光学测量系统，用以实现对各有关参数的检测。

6）观察窗口

用于观察被检灯在屏幕上形成的光斑。

7）准星

用于对准校准灯和仪器。

8）警示灯

仪器进行检测时警示灯会不断闪亮，对引车员起到警示作用，防止汽车撞上仪器。

9）水管码

可以用来固定与仪器的连接线。

10）提手环

用于吊升、搬运仪器。

11）液晶显示屏

显示检测结果及各种指示、提示信号。

12）功能按键

用于操作液晶屏显示的菜单。

13）远近光指示灯

仪器正在检测远光则远光指示灯亮，仪器正在检测近光则近光指示灯亮，用于提示引车员切换车灯的状态。

14）插座连接板

插座连接板上装有各连接电缆的插座及电源开关、熔丝座等，如图 5—1—15 所示。

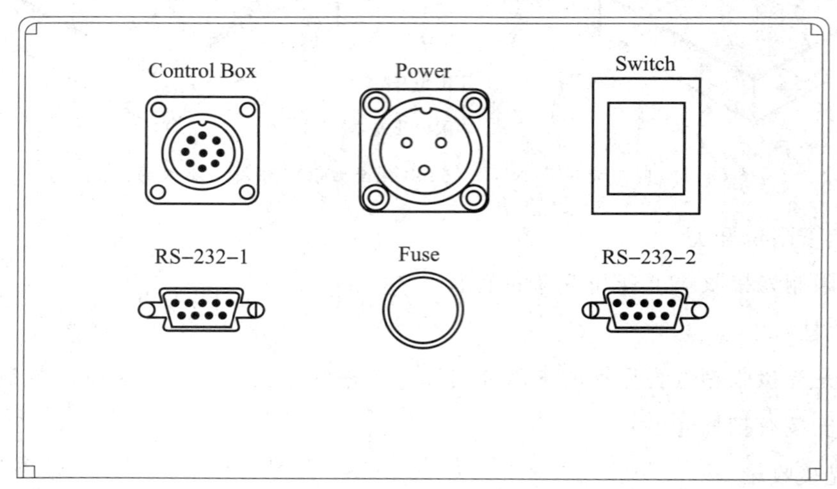

图 5—1—15 插座连接板

Control Box—控制盒插座 Power—电源插座 Switch—开关

RS-232-1—通信接口 Fuse—熔丝 RS-232-2—通信接口

15）控制盒

控制盒通过电缆接于插座连接板的“Control Box”插座上，控制盒上装有 4 个开关（见图 5—1—16）。其中，有两只双掷钮子开关，如把“左、右”开关扳向左时，仪器向左移动；把开关扳向右时，仪器向右移动；钮子开关自动复位至中间位置时，仪器停止。“上、下”开关能使仪器向上向下移动，其方法与向左向右移动的方法相同。按下“远光”按钮，仪器自动寻光，对正前照灯后进入远光实时检测状态。按下“近光”按钮，仪器自动寻光，对正前照灯后进入近光实时检测状态。

（2）检测过程

仪器的检测距离为 1 m，应确认被检前照灯至仪器光接收箱正面的距离符合要求。仪器上电后，箱体会自动往下行走，到达下限位的位置后会自动上升到仪器设定的箱体复位高度的位置。仪器完成以上工作过程后才进入待机状态，显示如图 5—1—17 所示的主界面。箱体复位高度出厂设置为 60 cm。

注意：如果仪器关电，必须等待 30 s 才能重新开电，否则仪器可能会出现工作不正常现象。

1）控制盒控制的实时检测

①扳动控制盒上的“上、下”开关，可使仪器的光接收箱在垂直方向上下移动。

②扳动控制盒上的“左、右”开关，可使仪器在水平方向左右移动。

远 光
上
下
左
右
近 光

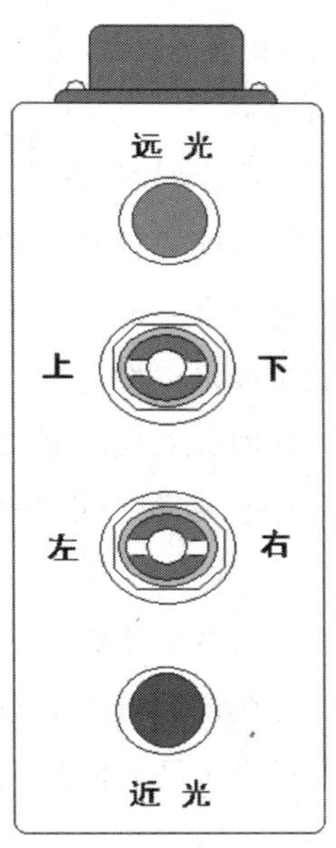

图 5—1—16　控制盒

③在如图 5—1—17 所示的主界面中，当按下控制盒的“远光”或“近光”按钮，仪器开始寻找光照区，自动对准被检前照灯后进入实时远光灯或近光测量状态，并实时显示测量结果（见图 5—1—18）。按主界面下方的 F4 键或掰动控制盒上任意方向钮子开关可退出实时检测状态，返回到测量主界面。

Nanhua 南华仪器
Ver:1.0
测量
设置
校准
诊断
F1
F2
F3
F4

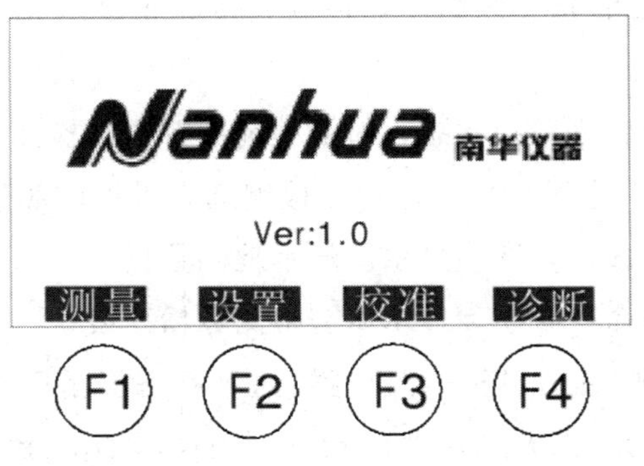

图 5—1—17　主界面

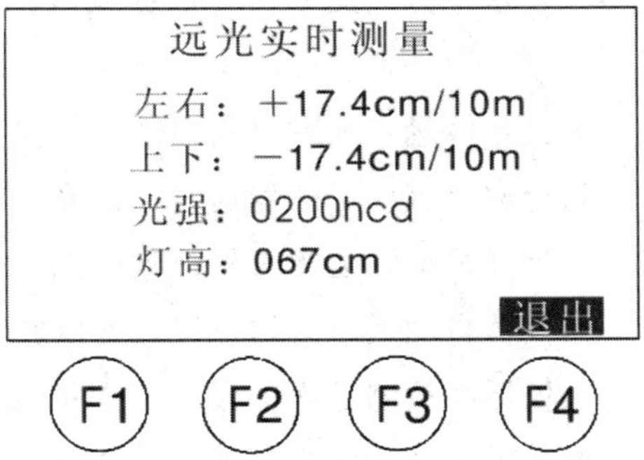

远光实时测量
左右：+17.4cm/10m
上下：−17.4cm/10m
光强：0200hcd
灯高：067cm
退出
F1
F2
F3
F4

图 5—1—18　测量结果

2）单机自动检测

在如图 5—1—17 所示界面中，按“测量”键，进入测量子菜单（见图 5—1—19），按 F1、F2 键选择菜单，按 F3 键对选择的项目进行测量。图 5—1—19 中各项目的含义如下：

①“自动检测”选项：进行左灯远近光和右灯远近光自动检测。

②“左灯检测”选项：进行左灯远近光自动检测。

③“右灯检测”选项：进行右灯远近光自动检测。

3）自动检测程序运行简介

启动前，仪器必须处于导轨的左端或是右端（沿行车方向判别，仪器初始停靠位置可以通过菜单设置）。

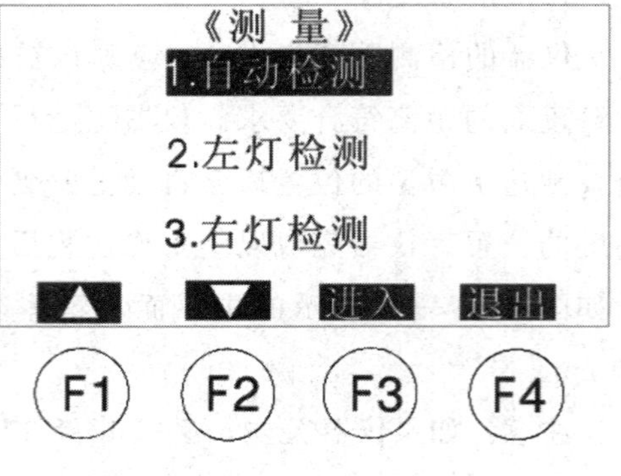

图 5—1—19 测量子菜单

自动检测程序启动后，仪器按下述步骤进行自动检测（以左停原始位、两灯制为例）。

①仪器从原始位置向右行走寻找左灯光照区。

②在仪器行走的过程中，立柱光电扫描阵列不断进行扫描。当扫描到光照区时，仪器停止水平方向运动，并根据光电扫描阵列的光照区高度，控制光接收箱进入光照区。

③光接收箱进入左灯光照区后，仪器转入自动跟踪状态，对被检前照灯进行检测。

④检测过程中，仪器通过“远光”“近光”指示灯提示用户在检测远光时把前照灯切换到远光，检测近光时切换到近光。检测完成后，液晶显示屏显示检测数据。

⑤完成左灯检测后，仪器自动向右行驶寻找右灯光照区。

⑥在仪器行走的过程中，立柱光电扫描阵列不断进行扫描。当扫描到光照区时，仪器停止水平方向运动，并根据光电扫描阵列的光照区高度，控制光接收箱进入光照区。

⑦光接收箱进入右灯光照区后，仪器转入自动跟踪状态，对被检前照灯进行检测。

⑧检测过程中，仪器通过“远光”“近光”指示灯提示用户在检测远光时把前照灯切换到远光，检测近光时切换到近光。检测完成后，液晶显示屏显示检测数据。

⑨仪器自动返回原始位置，并恢复到“待命”状态，显示所有检测数据列表。

⑩仪器在检测过程中会向上位机发送检测状态。用户可以通过这种状态提示引车员切换远、近光。用户也可以用 ASII 码的“Q”来查询仪器的状态。当仪器的测量数据准备好以后，会向上位机发送 ASII 码的“O”，表示检测数据已经准备好，用户可以用相应的取数命令把检测数据取出。

4）自动检测的检测顺序

①两灯制、左停靠。

左主灯远光—左主灯近光—过灯—右主灯远光—右主灯近光。

②两灯制、右停靠。

右主灯远光—右主灯近光—过灯—左主灯远光—左主灯近光。

③四灯制、左停靠。

左副灯远光—左主灯远光—左主灯近光—过灯—右副灯远光—右主灯远光—右主灯近光。

④四灯制、右停靠。

右副灯远光—右主灯远光—右主灯近光—过灯—左副灯远光—左主灯远光—左主灯近光。

注意：要准确检测四灯制远近光，必须在检测主灯时遮蔽副灯，检测副灯时遮蔽主灯。

3. 注意事项

(1) 车辆正直居中行驶，在前照灯离检测灯箱 1 m 处（或根据说明书要求的距离）停车。

(2) 车辆发动机处于怠速状态，置变速器于空挡，电源处于充电状态，开启前照灯远光。

(3) 停车位置要准确，车身纵向中心线要垂直于前照灯受光面，否则会影响光束左右偏移量的准确性。

(4) 在并列的前照灯（四灯制）进行检测时，应将与受检灯相邻的灯遮蔽。

(5) 初检与复检时尽量由同一检验员引车操作，驾驶员体重的变化会对光束上下偏移量的准确性和重复性造成影响，尤其对微型车影响较大。

(6) 前照灯检测仪正在移动或将要移动时，严禁车辆通过。

(7) 检测完毕后车辆要及时驶离，车身不得长时间挡住轨道。

4. 检测标准

(1) 前照灯远光光束发光强度检测标准（见表 5—1—1）

表 5—1—1　　前照灯远光光束发光强度最小值要求　　cd

车辆类型＼检查项目	新注册车			在用车		
	一灯制	两灯制	四灯制	一灯制	两灯制	四灯制
三轮汽车	8 000	6 000	—	6 000	5 000	—
最高设计车速小于 70 km/h 的汽车	—	10 000	8 000	—	8 000	6 000
其他汽车	—	18 000	15 000	—	15 000	12 000
摩托车	10 000	8 000	—	8 000	6 000	—
轻便摩托车	4000	—	—	3 000	—	—

续表

车辆类型 \ 检查项目		新注册车			在用车		
		一灯制	两灯制	四灯制	一灯制	两灯制	四灯制
轮式拖拉机运输机组	标定功率＞18 kW	—	8 000	—	—	6 000	—
	标定功率≤18 kW	6 000	6 000	—	5 000	5 000	—

注：①四灯制是指前照灯具有四个远光光束；采用四灯制的汽车其中两只对称的灯达到两灯制的要求时视为合格。

②允许手扶拖拉机组只装用一只前照灯。

（2）前照灯光束偏移量检测标准

1）在检验前照灯近光光束照射位置时，前照灯照射在距离 10 m 的屏幕上时，乘用车前照灯近光光束明暗截止线转角或中点的高度应为 0.7 H～0.9 H（H 为前照灯基准中心高度，下同），其他机动车（拖拉机运输机组除外）应为 0.6 H～0.8 H。机动车（装有一只前照灯的机动车除外）前照灯近光光束水平方向位置要求：向左偏不允许超过170 mm，向右偏不允许超过 350 mm。

2）轮式拖拉机运输机组装用的前照灯近光光束照射位置，按照上述方法检验时，要求在屏幕上光束中点的离地高度不允许大于 0.7 H；水平位置要求向右偏不允许超过 350 mm，不允许向左偏移。

3）在检验前照灯远光光束及远光单光束照射位置时，前照灯照射在距离 10 m 的屏幕上时，要求在屏幕光束中心离地高度，对乘用车为 0.9 H～1.0 H，对其他机动车为 0.8 H～0.95 H；机动车（装有一只前照灯的机动车除外）前照灯远光光束水平方向位置要求：左灯向左偏不允许超过 170 mm，向右偏不允许超过 350 mm；右灯向左或向右偏均不允许超过 350 mm。

思考与练习

1. 汽车前照灯需要检测的指标有哪些？
2. 影响汽车前照灯的因素有哪些？
3. 检测汽车前照灯的设备有哪些？

课题二　汽车车速表检测

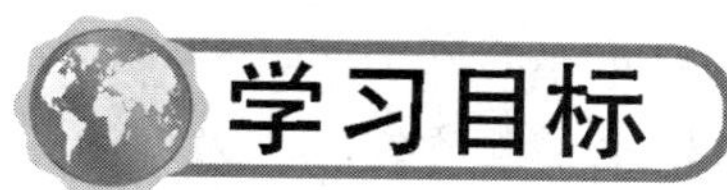

◆ 掌握汽车车速表检测指标及其主要影响因素。

◆ 了解汽车车速表试验台的种类、结构及基本原理。

◆ 能够正确使用车速表检测设备对汽车车速表进行检测。

为了行车安全，国家标准《汽车用车速表》（GB 15082—2008）规定车速表指示车速不得低于实际车速，但是汽车使用一定时间后，车速表指示值往往会偏离标准规定的范围，那么，哪些因素造成了这些误差呢？

车速表指示误差产生的原因主要有两个方面：一方面是车速表使用一段时间后，由于磨损等方面的原因出现了误差；另一方面是轮胎使用一段时间后由于磨损或者胎压不足等原因造成轮胎直径的变化。

汽车车速表的检测过程中都要用到哪些仪器和设备呢？怎样测量呢？

一、汽车车速表检测指标

汽车行驶速度对交通安全有很大影响，尤其在限速路段，驾驶员必须按照车速表的指示值准确地控制车速，为此，要求车速表本身一定要准确可靠。车速表经长期使用，由于驱动其工作的传动齿轮、软轴及车速表本身技术状况的变化，以及因轮胎磨损使驱动车轮滚动半径的变化，其指示误差会越来越大。如果车速表的指示误差过大，驾驶员就难以正确控制车速，且极易因判断失误而造成交通事故。为确保车速表的指示精度，必须适时对车速表进行检测和校正。

汽车的实际车速值是由车速表试验台上的速度指示仪表显示出来的，也称为试验台指示值。

在车轮转动测量实际车速值的同时，汽车驾驶室内的车速表也同时显示车速值，该值称为车速表指示值。将试验台指示值与车速表指示值相比较，即可得出车速表指示误差（见式 5—2—1）。车速表指示误差是评价车速表性能的重要指标。

$$\text{车速表指示误差}=\frac{\text{车速表指示值}-\text{试验台指示值}}{\text{试验台指示值}}\times 100\% \qquad (5—2—1)$$

二、影响汽车车速表失准的因素

造成车速表失准的原因主要有两个方面：一方面是车速表本身的问题，另一方面与轮胎的状况有关。

1．车速表自身的原因

不论是磁电式或电子式车速表，其主轴都是由与变速器相连的软轴驱动的。对于磁电式车速表，当主轴旋转时，与主轴固定连接的永久磁铁也一起旋转。其磁场会在铝罩上感应涡流，产生的涡流力矩引起铝罩偏转并带动游丝和指针偏转，最后达到涡流力矩与游丝的弹性反力矩相平衡。车速越高，涡流力矩越大，指针偏转的角度也越大。对于电子式车速表来说，主轴的转动会引起传感器产生与主轴转速成正比的脉冲信号，经电子线路处理后，送到仪表引起指针偏转或给出数字指示。

当汽车长期使用后，车速表内的机械零件难免出现磨损变形，永磁元件可能退磁老化，这些因素都会使车速表指示值误差增大。

2．轮胎方面的原因

由车速表的工作原理可知，车速表的指示值仅与车轮的转速成正比，而汽车行驶的速度相当于驱动轮的线速度，显然线速度不仅与转速有关，还与车轮的半径有关。实际上，由于轮胎是一个充气的弹性体，所以汽车行驶时，轮胎在受到垂直载荷、车轮驱动力和地面阻力等力的作用下会发生弹性变形；另外，由于轮胎磨损、气压不符合标准（过高或不足）等原因也会影响车轮半径的变化。因此，即使在驱动轮转速不变的情况下，上述原因也会引起实际车速与车速表指示值不一致的现象。

三、汽车车速表检测设备

为消除车速表机件磨损和轮胎磨损形成的指示误差，应借助于车速表试验台适时地对车速表进行检验。

汽车车速表检测设备主要是指车速表试验台。车速表试验台有三种类型：（1）无驱动装置的标准型，它依靠被测车轮带动滚筒旋转；（2）有驱动装置的驱动型，它由电动机驱动滚筒旋转；（3）综合型车速表试验台，即把车速表试验台与制动试验台或底盘测功试验台组合在一起。目前，检测站使用最多的是标准型滚筒式车速表试验台。

1．标准型车速表试验台

标准型车速表试验台如图 5—2—1 所示，该试验台主要由滚筒、举升器、测量装置、显示仪表及辅助装置等几部分组成。

（1）滚筒部分

试验台左右各有两根滚筒，用于支撑汽车的驱动轮。在测试过程中，为防止汽车

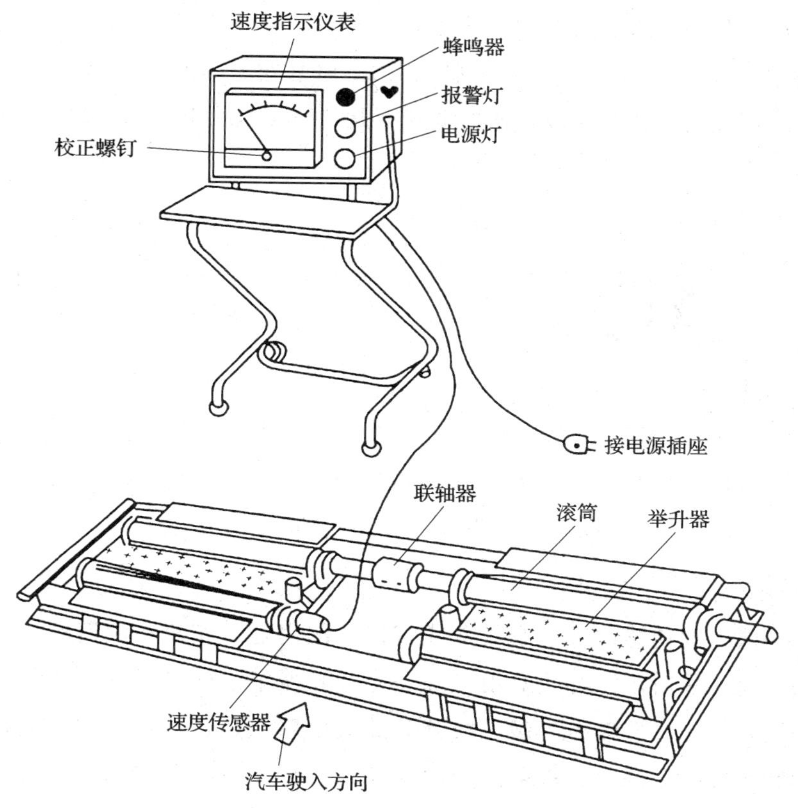

图 5—2—1 标准型车速表试验台

的差速器起作用而造成左右驱动轮转速不等，前面的两根滚筒是用联轴器连在一起的。滚筒多为钢制，表面有防滑材料，直径多在 175～370 mm 之间（为了标定时换算方便，直径多为 176.8 mm，这样滚筒转速为 1 200 r/min 时，正好对应滚筒表面的线速度为 40 km/h）。

（2）举升器

举升器置于前后两根滚筒之间，多为气动装置，也有液压驱动和电动机驱动的。测试时，举升器处于下方，以便滚筒支撑车轮。测试前，举升器处于上方，以便汽车驶上试验台，测试后，靠气压（或液压、电动机）升起举升器，顶起车轮，以便汽车驶离试验台。

（3）测量装置

即测量速度的传感器，其作用是测量滚筒的转动速度。通过速度传感器将滚筒的速度转变成电信号（模拟信号或脉冲信号），再送到显示仪表。常用的速度传感器有测速发电机式、光电编码器式和霍尔元件式等。

1）测速发电机式

测速发电机是一种永磁发电机，由于制作精密，它能够产生几乎与转速完全成正比的电压信号（见图 5—2—2，属于模拟信号）。将它安装在滚筒一端，当滚筒转动时，测速发电机就可以输出与转速成正比的电压。此信号经放大和 A/D 转换后送入单片机处理。

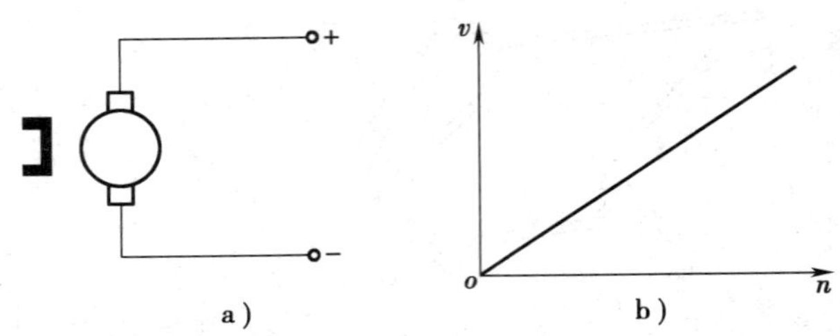

图 5—2—2　直流永磁测速发电机式速度传感器电路图及特征曲线

a）电路图　b）特征曲线

2）光电编码式

光电编码式速度传感器有一个带孔或带齿的编码盘，安装在滚筒的一端并随滚筒转动，如图 5—2—3 所示。有一对由光源和光接收器组成的光电开关，其中光源一般是发出红外光，光接收器多由光敏三极管和放大电路组成，可将收到的光信号变为电信号。光源和光接收器分别置于编码盘的两侧，并彼此对准。当编码盘转动时，光源发出的光线周期性地被遮盖，于是光接收器将收到断续的光信号，并转换成一系列的电脉冲（脉冲信号），脉冲频率与滚筒转速成正比。此脉冲信号经过光电隔离等环节之后送入单片机处理。

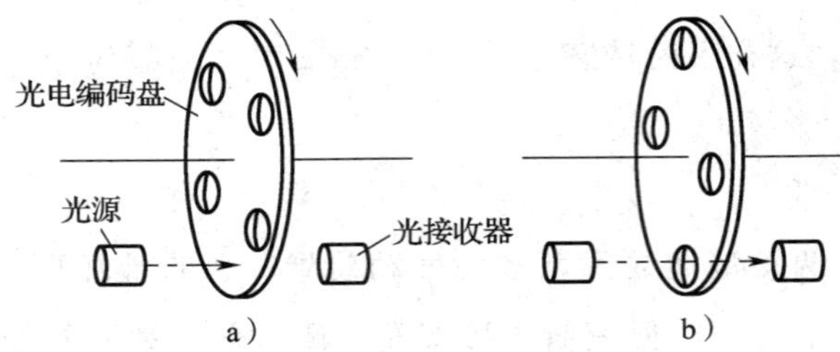

图 5—2—3　光电式速度传感器原理图

a）光线被遮住，接收器无信号　b）光线未被遮住，接收器有信号

3）霍尔元件式

如图 5—2—4 所示，霍尔元件式速度传感器利用霍尔效应原理，将带齿的圆盘固定在滚筒一端，并随滚筒一起转动，当圆盘的齿未经过磁导板时，有磁场经过霍尔元件，因而感应到霍尔电动势，当圆盘的齿经过磁导板时，磁场被短路，霍尔电动势消

失，所以霍尔元件可以产生与速度成正比的脉冲信号。此脉冲信号同样经过一定的隔离处理后送入单片机。

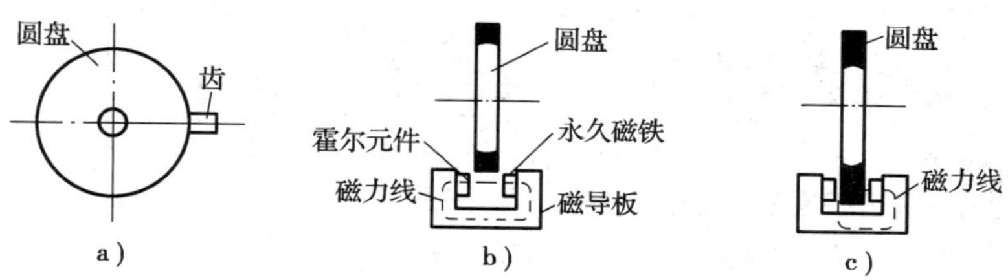

图 5—2—4　霍尔元件式速度传感器原理图

a）带齿圆盘的形状　b）圆盘的齿未经过磁导板时，有磁力线经过霍尔元件

c）圆盘的齿经过磁导板时，磁力线被短路

（4）显示仪表（或显示器）

目前多用智能型数字显示仪表，也就是一个单片机系统。来自传感器的信号经放大、A/D 转换或经滤波整形后进入单片机处理，再输出显示测量结果。在全自动检测线上也有直接把速度传感器信号接到工位机（或主控机）上直接进行处理的。

（5）辅助部分

1）安全装置

车速试验台滚筒两侧设有挡轮，以免检测时车轮左右滑移损坏轮胎或设备。

2）滚筒抱死装置

汽车测试完毕出车时，如果只依靠举升器，可能造成车轮在前滚筒上打滑。为了防止打滑，增加了滚筒抱死装置，与举升器同步，举升器升起的同时抱死滚筒，举升器下降时放开滚筒。

3）举升保护装置

车辆在车速试验台上运转时，举升器突然上升会导致严重的安全事故，因此车速试验台设有举升器保护装置（软件或硬件保护），以确保滚筒转速低于设定值后（如 5 km/h）才允许举升器上升。

2. 电动机驱动型车速表试验台

车速表的转速信号多数取自汽车变速器或分动器的输出轴，但对于后置发动机的汽车，由于车速表软轴过长，会出现传动精度和使用寿命等方面的问题，所以转速信号取自前从动轮。对这种车辆必须采用电动机驱动型车速表试验台进行检测，检测时由电动机驱动滚筒与前从动轮旋转。这种试验台往往在滚筒与电动机之间装有离合器，如图 5—2—5 所示。若在检测时将离合器分离，这种试验台又可作为标准型试验台使用。

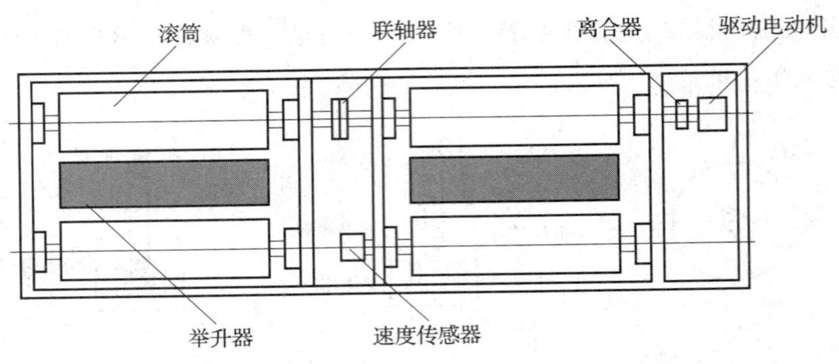

图 5—2—5　电动机驱动型车速表试验台结构示意图

四、汽车车速表检测

车速表的检测方法因试验台的型号、形式不同而异，应根据使用说明书进行操作。车速表试验台通用的检测方法如下：

1. 车速表试验台的准备

(1) 在滚筒处于静止状态，检查指示仪表是否在零点上，若不在零点则应调零。

(2) 检查滚筒上是否沾有油、水、泥、砂等杂物，若有应清除干净。

(3) 检查举升器的升降动作是否自如，若动作阻滞或有漏气现象，应予以修理。

(4) 检查导线的外观及接触情况，若有接触不良或断路现象应进行修理或更换。

2. 被测车辆的准备

(1) 轮胎气压应符合汽车制造厂家规定。

(2) 清除轮胎上沾有的水、油、泥和嵌入轮胎花纹沟槽内的石子等杂物。

3. 检测方法

(1) 接通试验台电源。

(2) 升起滚筒间的举升器托板。

(3) 将被检车辆驶入试验台，使输出车速信号的车轮尽可能与滚筒成垂直状态停放在试验台上。

(4) 降下滚筒间的举升器托板，至轮胎与举升器托板完全脱离为止。

(5) 用挡块抵住位于试验台滚筒之外的一对车轮，防止汽车在测试时滑出试验台。

(6) 使用标准型试验台时应做如下操作：

1) 待汽车的驱动轮在滚筒上稳定后，挂入最高挡，松开驻车制动器，踩下加速踏板使驱动轮带动滚筒平稳地加速运转。

2) 当汽车车速表的指示值达到规定检测车速（40 km/h）时，读出试验台速度指示仪表的读数；或当试验台速度指示仪表的指示值达到检测车速时，读取车速表上的读数。

（7）使用驱动型试验台时应做如下操作：

1）接合试验台离合器，使滚筒与电动机连在一起。

2）将汽车变速器挂入空挡，松开驻车制动器，启动电动机，使电动机驱动滚筒旋转。

3）当汽车车速表的指示值达到检测车速时，读取试验台速度指示仪表的读数；或当试验台速度指示仪表达到检测车速时，读取汽车车速表上的读数。

（8）测试结束后，轻轻踩下汽车制动踏板，使滚筒停止转动。对于驱动型试验台，必须先关断电动机电源，再踩制动踏板。

（9）升起举升器，去掉挡块，汽车驶离试验台。

4．检测标准

国家标准《汽车用车速表》（GB 15082—2008）中规定：0≤指示车速－实际车速≤实际车速/10＋4，如果实际车速是 40 km/h，套入公式，那么车速表车速就在 40～48 km/h 之间。若超出上述范围，则车速表的指示值为不合格。

思考与练习

1．汽车车速表误差是由什么原因造成的？

2．检测汽车车速表误差的设备有哪些？

3．假如汽车实际时速是 100 km/h，车速表指示在什么范围内是合格的？

课题三　汽车外观检查

◆ 了解汽车外观检查的定义及必要性。

◆ 掌握汽车外观检查项目的内容，并且熟悉注册登记检验的内容。

想一想

汽车的外观提供了车辆的基本特征信息，例如颜色、形状、发动机型号、车架号码等，通过外观检查可以识别是否存在非法改装等现象，避免非法改装造成的安全隐患。那么，汽车外观检查主要检查哪些方面呢？

外观检查除了要观察车内车外、发动机、灯光信号、底盘等，还要重点核查各种标牌标识是否与该车登记信息相符，识别出是否存在擅自改装等问题。

那么，在检查的过程中具体怎么做？什么样的汽车才是符合要求、外观合格的汽车呢？

一、汽车外观检查的定义及必要性

1. 汽车外观检查的定义

按照国家标准《机动车安全技术查验项目与方法》（GB 21861—2014）和公安部《机动车查验工作规程》（GA 801—2014）规定，汽车外观检查是检验人员通过察看、耳听、手摸、脚踩、测量等方法来对汽车的外观进行检查，检查项目包括车辆唯一性认定、车辆外观、车辆动态和车辆底盘的检查。只有通过察看，才能做出合乎实际的判断。其方法还可以通过皮尺测量或技术甄别手段识别车辆是否为拼组装车辆，私自加长、加宽、加高（简称“三超”）车辆，或改装车辆类型等，其作用就是要防止不具备安全生产资质的厂家非法拼装改装车辆进行登记上牌，防止一些车主私自“三超”改装后进行超载运输，通过对VIN码的识别，认定机动车的唯一性。

2. 汽车外观检查的必要性

汽车在使用过程中，随着行驶里程的增加，有关零件将产生磨损、腐蚀、变形、老化或意外损伤等情况，其结果不仅会导致整车技术状况逐渐变坏，还会使使汽车的动力性下降、燃油经济性变差和工作可靠性降低，而且会相继出现种种外观症状。有些外观症状，如车体不周正、车身和驾驶室的覆盖件开裂、油漆剥落和锈蚀等，会影响车容；有些外观症状，如前后桥、传动轴、车架和悬挂等装置有明显的弯、扭、裂、断等损伤，传动轴连接螺栓松动，转向拉杆球销磨损、松旷等，会直接影响行车安全。因此，车辆外观检查是汽车运行安全检测过程的重要内容之一。

二、汽车外观检查项目

汽车外观检查应按国家标准《机动车运行安全技术条件》（GB 7258—2012）要求进行。在机动车安全检测站进行安全检测时，外观检查的主要内容如下。

1. 车身外观

（1）检查项目

目视检查以下各项，必要时应用钢直尺等量具测量相关尺寸参数：

1）检查送检车辆的车辆型号、厂牌、出厂编号及车身（底盘）和发动机的型号及出厂编号、号牌号码。

2）检查汽车的车身外观。汽车后视镜的安装数量及位置应符合国家标准《机动车辆后视镜的性能和安装要求》（GB 15084—2013）的规定。对于车长大于 6 m 的平头客车、无轨电车和平头载货汽车，后视镜的设置应符合《机动车运行安全技术条件》（GB 7258—2012）的要求。

①汽车外观应整洁、各零部件应完好、连接紧固、没有缺损；车身外部乘员可能触及的任何部件、构件都不应有任何可能使人致伤的尖锐凸起物。

②车体周正，车体外缘左右对称部位高度差不得大于 40 mm，必要时可以采用专用测量仪器或铅锤、长度量具做精确测量。

③车身和驾驶室应坚固耐用，覆盖件无开裂和锈蚀，车身和驾驶室在车架上的安装应紧固，不能因车辆振动而引起松动；车身的外部和内部不应有任何可能使人致伤的尖锐凸起物；驾驶室和乘客舱所用的内饰材料应具有阻燃性。

④车门和车窗应开启轻便，不得有自行开启的现象，门锁应牢固可靠，六窗密封性好，没有漏水现象。机动车驾驶室必须保证驾驶员的前方视野和侧方视野，驾驶员座位两侧的窗玻璃不允许张贴遮阳膜，其他车窗不允许张贴妨碍驾驶员视野的附加物及镜面反光遮阳膜；轿车应有护轮板，挂车后轮应有挡泥板，其他车辆的所有车轮都应有挡泥板。

3）检查外部图形文字、标识。车长大于 6 m 或总质量大于 4 500 kg 的货车、挂车车身（车厢）后部应喷涂有符合规定的放大牌号，参见《道路交通安全法实施条例》第十三条第一款及公共安全行业标准《中华人民共和国机动车号牌》（GA 36—2014）；燃气汽车车身应按规定标注其使用的燃料类型；消防车、救护车、工程救险车和警车的车身颜色、外观制式应符合相关规定。

4）检查车身广告。送检机动车喷涂、粘贴的标识或车身广告不应影响安全驾驶，且尺寸应适宜，不会影响车身颜色的确认。

5）检查自行加装装置。乘用车自行加装的前后防撞装置及货运机动车自行加装的防风罩、水箱、工具箱、备胎架等，不应影响安全及牌号识别。

（2）注册登记检验

应记录汽车是否在前风窗玻璃右上角粘贴有符合规定的整车 3C 标志（见图 5—3—1），并检查以下各项：号牌板、能永久保持的商标或厂标（见图 5—3—2）、后视镜和下视镜数量和类型、乘用车前后部保险杠和货车前保险杠、货车货箱前部安全架等。

1）号牌板（架）应符合《中华人民共和国机动车号牌》（GA 36—2014）的规定。

2）机动车除按照规定在车身外表面设置有一个能永久保持的商标（或厂标）外，也可以在车身外表面设置其他能体现车型及制造厂家的其他标志。

3）本条规定的车身外观检查项目在注册登记检验时如发现不合格情形，检验员需在《机动车安全技术检验记录单（人工检验部分）》上注明。

图 5—3—1　前风窗玻璃粘贴标志

图 5—3—2　号牌和厂标

2．照明和电气信号装置

（1）检查项目

1）外部灯具和信号装置

外部照明和信号装置应齐全完好，外部照明灯具均应能正常工作；对称设置、功能相同的灯具光色和亮度应基本一致；制动灯发光强度应明显大于后位灯发光强度；前照灯远近光束变换应正常，如发现近光光形无明暗截止线，应判定前照灯检验不合格。除转向信号灯、危险警告信号及消防车、救护车、工程救险车和警车安装使用的标志灯具外的其他外部灯具无闪烁的情形；附加的灯具、反射器或附属装置不会影响《机动车运行安全技术条件》（GB 7258—2012）中规定的安装灯具和信号装置的性能，或对其他的道路使用者造成不利影响。

2）标志灯具

警车、消防车、救护车和工程救险车安装的标志灯具应固定可靠，不得使用非固定式标志灯具；警车和清防车标志灯具光色应为红色或红、蓝色同时使用，救护车标志灯具光色应为蓝色，工程救险车标志灯具光色应为黄色。

3）喇叭

检查机动车设置的喇叭是否具有连续发声功能，工作是否可靠，必要时应用声级计测量其喇叭声级是否符合规定。

4）反光标识

所有货车（包括三轮汽车、低速货车和载货类汽车底盘改装的专用汽车）均应按照规定在后部和侧面粘贴车身反光标识，如图 5—3—3 所示。公安部交通管理局文件《关于加强机动车车身反光标识粘贴等工作的通知》（公文管〔2008〕190 号）则进一步明确："自 2008 年 10 月 20 日起，所有在用的货车和挂车应当按要求粘贴车身反光标识。"

图 5—3—3　规范粘贴反光标识的货车

（2）注册登记检验

应重点检查车辆外部照明和信号装置的数量、位置、光色是否符合相关标准的规定，必要时应用量具测量相关尺寸参数。对 2006 年 12 月 1 日起新出厂的总质量不小于 12 000 kg 的货车和总质量大于 3 500 kg 的挂车，还应检查其安装的车身反光标识材料的白色单元上是否有符合规定的 3C 标志。

1）确认外部照明和信号装置的安装数量及位置，应符合《汽车及挂车外部照明和光信号装置的安装规定》（GB 4785—2007）和《摩托车照明和光信号装置的安装规定　第 1 部分：两轮摩托车》（GB 18100.1—2010）的规定。

2）对于有怀疑的 3C 标识，检验员可用稀释性溶剂擦拭，如出现标识褪色、模糊等现象应认定该标识为假冒标识，进而判定所用的车身反光标识为不合格产品。

3．发动机舱

（1）检查项目

发动机机舱检查的项目有发动机系统机件、蓄电池桩头及连线、电器导线、各种管路、液压制动储液器、发动机标识、产品标牌等。

1）对于发动机舱布置紧凑或设置有盖板，需拆卸其他相关部件才能进行目视检查的项目，原则上不需要检查。

2）在用车检验时，如果发动机气缸体上打刻（或铸出）的发动机型号和出厂编号不易见，但发动机易见部位的标有发动机型号和出厂编号的标识已缺失，则安检机构可通过适当的方式确认送检机动车所安装发动机的型号和出厂编号。

3）对于变更发动机时换用经国务院机动车产品主管部门许可选装的发动机的，车辆外观检查及车辆底盘检查时应注意检查发动机固定是否安全、可靠。

4）目前，出租车和公交车“油改气”的情形较多。车辆“油改气”改变了车辆结构，不符合现行车辆管理规定，且极易形成安全隐患，送检人应将其恢复原状后再行送检；但地方法规和政府规章相关规定允许“油改气”时，检验员应重点检查燃料系统和气体燃料专用装置是否符合相关规定。

5）水箱、水泵、缸体、缸盖、暖风装置及所有连接部位均不得有明显的渗水、漏水现象；使机动车行驶不小于 10 km 距离后停车 5 min 后观察，不得有明显的漏油现象。

（2）注册登记检验

注册登记检验时，应检查如气缸体上打刻（或铸出）的发动机型号和出厂编号，如图 5—3—4 所示；还应检查在发动机易见部位是否具有能永久保持的发动机型号和出厂编号的标识，如图 5—3—5 所示；如车辆产品标牌位于发动机舱，还应检查车辆产品标牌是否能永久保持及其内容是否规范、清晰耐久。

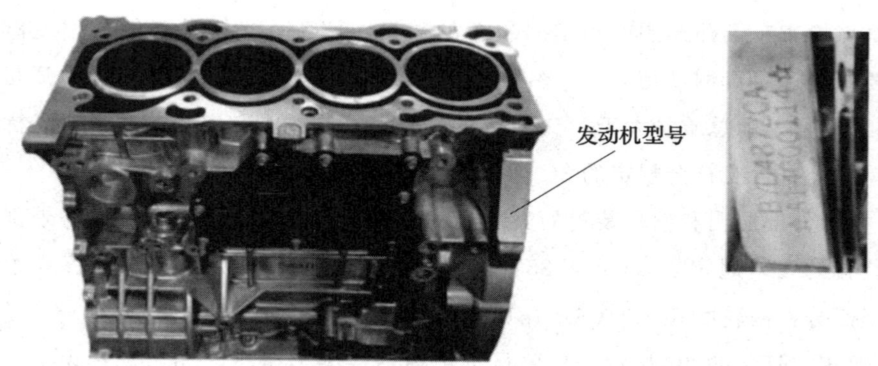

图 5—3—4　发动机号

图 5—3—5　发动机型号标识

4．驾驶室（区）

（1）检查项目

记录里程表读数，目视检查以下各项：门锁、门铰链、驾驶员座椅、汽车安全带、驾驶员视区、刮水器、洗涤器、汽车行驶记录仪、折翻式驾驶室等。

（2）注册登记检验

检查是否按照规定装备了各种仪表，是否设置了符合规定的操纵件、指示器及信号装置的图形标志；对乘用车和货运机动车，按照相关标准核定的乘坐人数是否与机动车注册登记证明、凭证记载的内容一致；汽车行驶记录仪是否加施有符合规定的 3C 标志；机动车的警告性文字是否有中文标注；折翻式驾驶室翻转操纵机构附近易见部位是否有提醒驾驶员如何正确使用该操纵机构的文字；产品标牌（如位于驾驶室）是否能永久保持及其内容是否规范、清晰耐久。

5．发动机运转状况

检查发动机能否正常启动；启动发动机，检查怠速运转、电源充电状况、各仪表及指示器工作是否正常；检查发动机急加速过程中及在较高转速时急松加速踏板能否回至怠速状态和有无“回火”“放炮”等异常状况；检查有无漏水、漏油、漏气现象及水温、油压指示是否正常；检查点火开关关闭后发动机能否迅速熄火；对柴油车还应检查停机装置是否灵活、有效。

本条规定了车辆外观检查时发动机运转状况的检验要求，均采用人工定性检查，宜与底盘动态检验合并进行。

6．客车内部

（1）检查项目

客车内部检查项目有座椅和卧铺布置、车厢灯、门灯、地板和车内行李架、灭火器、安全出口及安全门/汽车安全带等。

（2）注册登记检验

客车内部注册登记检验时，还应检查客车安全出口的数量、位置和大小及座椅/卧铺位的数量和布置是否符合规定，乘客通道的宽度和高度是否能保证符合规定的通道测量装置顺利通过，通向安全门的通道宽度是否符合要求。

7．底盘件

（1）目视检查项目

1）燃料箱是否固定可靠，燃料箱盖是否完好。

2）挡泥板、牵引钩是否完好。

3）蓄电池、蓄电池架的固定是否牢固可靠。

4）储气筒排污阀功能是否有效。

5）钢板弹簧的形式、片数是否符合规定，有无裂纹和断片，安装是否紧固。

6）2003 年 3 月 1 日起出厂的总质量大于 3 500 kg 的货车和挂车，其装备的侧面及后下部防护装置是否完好有效，货车列车的牵引车和挂车之间是否装备了有效的侧面防护装置。

7）汽车列车的牵引连接装置是否连接可靠且装有防止车辆行驶中脱开的安全装置。

（2）注册登记检验

底盘件注册登记检验时，应重点检查货车和挂车的侧面防护装置的下缘离地高度、防护范围和前缘形式及后下部防护装置的离地高度、宽度、横截面宽度是否符合相关规定（必要时应用量具测量相关尺寸参数），检查后下部防护装置的强度是否具有明显不足的情形。

8．车轮

（1）目视检查项目

必要时应使用轮胎花纹深度计或量具测量。

1）同轴两侧是否装用同一型号、规格的轮胎。

2）轮胎的型号、速度级别及胎冠花纹深度、轮胎气压是否符合规定，乘用车轮胎的胎面磨损标志是否可见。

3）轮胎的胎面、胎壁有无长度超过 25 mm 或深度足以暴露出轮胎帘布层的破裂和割伤及其他影响使用的缺损、异常磨损和变形。

4）轮胎螺栓、半轴螺栓是否齐全、紧固。

若送检机动车装用轮胎的型号、速度级别不符合规定，或所装用轮胎的胎面、胎壁和胎冠花纹深度不符合规定，此次安全技术检验终止，应要求送检人换装符合规定的轮胎复检。若送检机动车轮胎气压不符合规定，应要求送检人将轮胎气压调整到规定气压后再进行其他项目的检验。

（2）注册登记检验

对 2004 年 10 月 1 日起出厂的使用小规格备胎的乘用车，检查在备胎附近明显位置（或其他适当位置）是否装置有能永久保持的、提醒驾驶员正确使用备胎的标识及标识的相关提示内容是否有中文。

思考与练习

1. 为什么要进行汽车外观检查？
2. 汽车外观检查项目有哪些？
3. 如何进行发动机舱的外观检查？

四、网络电视机顶盒的安装

网络电视机顶盒的安装，包括网络的连接、网络电视机顶盒与电视机的连接。

1. 网络的连接

网络的连接，可以分为有线网络连接与无线网络连接两种情况，选择其中之一进行连接即可。

（1）有线网络连接

当路由器没有无线发射（WiFi）功能时，可以进行有线网络连接。方法是从路由器中引出网络线，并与网络电视机顶盒的网口（LAN 口）相连，根据电视机画面的提示，打开路由器的 DHCP 功能（动态主机配置协议），让路由器自动分配 IP 地址，网络电视机顶盒会自动完成连接。

（2）无线网络连接

当路由器有无线发射（WiFi）功能时，可以进行无线网络连接。方法是根据电视机画面的提示，从“我的设置”中选择“无线设置”，选择无线路由器的名称并进行确认，输入 WiFi 密码，单击“连接”，再返回到主页。

需要注意的是，网络电视机顶盒进行无线网络连接时，其网口中不要插入网线。

2. 网络电视机顶盒与电视机的连接

（1）如果电视机同时具有 HDMI 输入口与 AV 输入口，首选用 HDMI 线，让网络电视机顶盒与电视机相连。

（2）当电视机无 HDMI 输入口时，则用 AV 线（颜色要对应），让网络电视机顶盒与电视机相连。

需要注意的是，用 HDMI 线进行连接时，切不可带电插拔，机顶盒与电视机都应在关机状态下进行连接。另外，HDMI 与 AV 连接方式只能选择其中之一，不要同时进行连接，以免出现干扰。

3. 软件的安装

网络电视机顶盒具有视频直播、视频点播、上网、购物、学习教育、金融理财、游戏娱乐等多种功能，每种功能都需要安装相应的应用程序（软件）。一般网络电视机顶盒出厂时，只有基本的接收功能，如视频点播功能。如果要实现其他功能，如进行视频直播（实时、同步收看各个卫星电视节目）、金融理财等，网络电视机顶盒必须安装相应的软件才行。

安装方法是，连接好网络，以及网络电视机顶盒与电视机，开机，在电视机主页面上选择“我的应用”，即可下载并安装自己喜欢的软件。也可以先把软件下载到 U 盘，将 U 盘插入机顶盒的 USB 口，进入“应用管理”，找到相应的软件进行安装。

实训 3　网络电视机顶盒的安装

实训目的

1. 进一步熟悉网络电视机顶盒的组成结构。
2. 掌握网络电视机顶盒的安装方法。

实训设备与工具

网络电视机顶盒全套设备、无线路由器、液晶电视机、常用的维修工具、实训指导书等。

实训内容与步骤

1. 认识网络电视机顶盒的组成结构。

根据实训场地提供的网络电视全套设备，对路由器、网络电视机顶盒进行拆卸，研究其电路组成结构。

2. 学习网络电视接收系统的安装方法。

查看厂家提供的路由器、网络电视机顶盒安装说明书，熟悉其安装方法。

3. 有线网络连接的安装。

安装水晶头，连接好网线，连接好液晶电视机（最好采用 HDMI 接口），并进行调试，使节目最佳。

4. 无线网络（WiFi）连接的安装。

连接好网络电视机顶盒与液晶电视机（最好采用 HDMI 接口），将电视机通电，根据电视机画面的提示，输入 WiFi 密码，进行连接，使节目最佳。

5. 练习软件安装。

在电视机主页面状态下，安装各种功能软件，并进行节目收视。

【想一想】

1. 为什么网络电视机顶盒进行无线网络连接时，机顶盒的网口中不要插入网线？
2. 手机需要安装什么软件，才能使其具有机顶盒遥控器的功能？

思考与练习

1. 数字电视技术与模拟电视技术相比，有哪些优势？
2. 模拟图像信号数字化的技术参数有哪些？各个技术参数分别是多少？
3. 什么叫帧内压缩编码技术？离散余弦变换的过程是怎样的？
4. 图像进行帧间压缩编码的方法是怎样的？
5. 图像数据流的句法是如何排列的？
6. 数字电视信号的调制方法有哪些？正交幅度调制（QAM）的过程是怎样的？
7. 数字电视信号广播接收系统的工作流程是怎样的？
8. ECM 加密器与 EMM 加密器的作用分别是什么？
9. 卫星接收天线的种类有哪些？其工作频率分别是多少？
10. 卫星电视机顶盒的电路是由哪些部分组成的？
11. 卫星电视接收系统的安装方法是怎样的？
12. 如何安装网络电视机顶盒？